D1997437

Heiko Hansen

So klappt's im Kita-Team

- Konflikte erkennen
- Charaktertypen berücksichtigen
- Stärken nutzen
- Lösungen finden

Verlag an der Ruhr

Impressum

Titel

So klappt's im Kita-Team

Konflikte erkennen | Charaktertypen berücksichtigen | Stärken nutzen | Lösungen finden

Autor

Heiko Hansen

Titelbildmotiv

© Stanislav Komogorov – Shutterstock.com

Umschlaggestaltung

Magdalene Krumbeck, Wuppertal

Innengestaltung

Claudia Adam Graphik-Design, Darmstadt

Illustrationen im Innenteil

Natascha Welz, Berlin

Fotos im Innenteil

siehe Bildnachweise auf S. 128

Lektorat

Mareike Kerz, Berlin

Verlag an der Ruhr
Mülheim an der Ruhr
www.verlagruhr.de

Unser Beitrag zum Umweltschutz

Wir sind seit 2008 ein ÖKOPROFIT®-Betrieb und setzen uns damit aktiv für den Umweltschutz ein. Das ÖKOPROFIT®-Projekt unterstützt Betriebe dabei, die Umwelt durch nachhaltiges Wirtschaften zu entlasten. Unsere Produkte sind grundsätzlich auf chlorfrei gebleichtes und nach Umweltschutzstandards zertifiziertes Papier gedruckt.

Urheberrechtlicher Hinweis

Das Werk und seine Teile sind urheberrechtlich geschützt. Jede Verwendung in anderen als den gesetzlich zugelassenen Fällen bedarf der vorherigen schriftlichen Einwilligung des Verlages. Im Werk vorhandene Kopiervorlagen dürfen vervielfältigt werden, allerdings nur für jeden Schüler der eigenen Klasse/des eigenen Kurses. Die dazu notwendigen Informationen (Buchtitel, Verlag und Autor) haben wir für Sie als Service bereits mit eingedruckt. Diese Angaben dürfen weder verändert noch entfernt werden. Die Weitergabe von Kopiervorlagen oder Kopien (auch von Ihnen veränderte) an Kollegen, Eltern oder Schüler anderer Klassen/Kurse ist nicht gestattet.
Der Verlag untersagt ausdrücklich das Herstellen von digitalen Kopien, das digitale Speichern und Zurverfügungstellen dieser Materialien in Netzwerken (das gilt auch für Intranets von Schulen und sonstigen Bildungseinrichtungen), per E-Mail, Internet oder sonstigen elektronischen Medien außerhalb der gesetzlichen Grenzen. Kein Verleih. Zuwiderhandlungen werden zivil- und strafrechtlich verfolgt.
Bitte beachten Sie bzgl. digitaler Kopien die Informationen unter schulbuchkopie.de.
Trotz sorgfältiger inhaltlicher Kontrolle kann keine Haftung für die Inhalte externer Seiten, auf die mittels eines Links verwiesen wird, übernommen werden. Für den Inhalt der verlinkten Seiten sind ausschließlich deren Betreiber verantwortlich.

© Verlag an der Ruhr 2014

ISBN 978-3-8346-2531-1

Printed in Germany

Inhalt

Ein paar Worte vorab

Sie mögen Ihren Beruf und die Zusammenarbeit mit Ihren Kollegen verläuft reibungslos. Die Eltern vertrauen Ihrer Einrichtung und sind froh darüber, eine Kita mit einem kompetenten Team erfahrener Pädagogen gefunden zu haben. Sie haben das gute Gefühl, dass ihre Kinder bei Ihnen in besten Händen sind. Und auch die Kleinen gehen gern in Ihre Kita. Und Konflikte? Die gibt es in Ihrer Einrichtung nicht. Alles prima!

Oder nicht? Manchmal spüren Sie jedoch Unbehagen, irgendwo grummelt es. Im Lauf der Zeit wird aus dem anfänglich leisen Grummeln ein deutliches Grollen. Streit liegt in der Luft. Irgendetwas läuft nicht so, wie es sollte.

An diesem Punkt wünschen Sie sich vielleicht ein Zaubermittel, das möglichst schnell wirkt und den Konflikt im Keim erstickt. Oder haben Sie vielleicht eher Lust auf ein richtiges klärendes Gewitter?

Sicher kennen Sie die legendären Streitigkeiten im Dorf von Asterix und Obelix. Hier wird oft und gern gestritten – sei es wegen des (nicht) frischen Fisches, des schlecht singenden Barden oder Empfindlichkeiten bezüglich der fülligen Figur – und schon ist eine herrliche Schlägerei im Gange, von der schon bald keiner mehr weiß, wie sie eigentlich angefangen hat.

Wie sieht es in Ihrer Kita aus? Welche Situationen und Personen sind Ihre „Römer“? Wie reagieren Sie im Konfliktfall? Auf welche Reize und Werte reagieren Sie „allergisch“ oder enttäuscht? Verläuft das Streiten nach der „Du bist schuld“-Variante? Oder gehen Sie lieber dem Streit aus dem Weg, notfalls mit einer Notlüge? Sind Sie lieber trotzig („Nö, nun sage ich nichts mehr.“) oder geben einen subtilen Vorwurf von sich („Du verstehst mich nicht!“)? Vertragen Sie sich gleich wieder wie die Gallier oder schwelt der Konflikt weiter?

Auf dem Weg zu einer Streitkultur

Streitkultur bedeutet, seinen eigenen Standpunkt vertreten und dabei aber den eines anderen auch akzeptieren zu können. Daraus können neue Lösungswege entstehen – somit ist ein Streit positiv zu betrachten. Soweit die Theorie! In der Praxis sieht es aber meist ganz anders aus. Oft scheint es für die „dicke Luft" gar keinen Anlass zu geben – gut zu beobachten bei Meetings oder Familienfeiern. Man sieht unterschiedliche Körpersprachen und Distanzen, hört emotionalisierende Worte, Interpretationen statt Fakten oder überhört einfach, was man nicht hören will. Und denkt vielleicht: „Worüber streiten die sich wirklich? Warum eskalieren kleinste Aussagen?"

Konflikte sind emotional und persönlich, und Ihr eigenes Verhalten läuft unbewusst ab. Das macht die Situation so komplex und oft kaum steuerbar. Meistens können sich die Beteiligten nach längerer Zeit des Kampfes kaum daran erinnern, wie und wer mal angefangen hat.

„Lass uns den Konflikt ruhig, sachlich und ehrlich klären." Wie oft werden diese Appelle vernommen oder ausgesprochen. Und – gelingt es wirklich? Die Sache ist in Wirklichkeit (meistens) nur vordergründig. Denn es sind in erster Linie charakterliche Eigenheiten, Emotionen und Gewohnheiten oder emotionale Muster, die in einen Konflikt führen.

Wenn man wahrnimmt, dass das Gegenüber „aus der Haut fährt", dann wurde sinnbildlich die emotionale Grenze des Charakters überschritten. Das kann ausgelöst werden durch mimische und verbale Provokationen oder weil man die Emotion des anderen als bedrohlich empfunden hat, z. B. bei einer Wutattacke. Sofort greift die bewährteste Verteidigungsstrategie eines Charakters: Entweder fliegen die Hinkelsteine des Herrn Obelix zurück oder man agiert passiver.

Um also eine Streitkultur zu erhalten und Konflikte konstruktiv lösen zu können, müssen Sie tiefer gehen, als es zunächst den Anschein hat. Situationen richtig zu beurteilen, verborgene Botschaften und den Charakter des Gegenübers zu erkennen, sind dafür wesentlich. Sie müssen den Konflikt von der unbewussten auf die bewusste Ebene holen. Dabei hilft Ihnen dieses Buch. Es enthält die Zutaten für das Rezept Ihres Zaubermittels – das Rezept für ein gutes Teamklima. Sie erfahren, welche Störfaktoren für Konflikte verantwortlich sind, welche entscheidende Rolle das Gehirn, die Emotionen sowie die Motive und die einzelnen Charaktere dabei spielen. Und ebenso, mit welchen Mitteln Sie Ihr Teamklima analysieren können und wie ein Teamvertrag ausgearbeitet werden kann. Zahlreiche praktische Tipps aus 20 Jahren Teamtrainings erleichtern es Ihnen, diese Zutaten so miteinander zu verbinden, dass daraus ein schmackhaftes Menü entsteht – für den Geist, für die Seele und für das körperliche Wohlbefinden von allen Teammitgliedern in Ihrer Kita.

Um Ihren **selbst**ver**antwort**lichen Weg zum Ziel besserer Teamprozesse in Ihrer Kita nicht durch meine Erfahrungen zu beeinflussen, habe ich weitgehend auf Musterbeispiele und Beispiele aus Kita-Coachings verzichtet. Geben Sie Ihren eigenen Gedanken, Wünschen, Bedürfnissen im Teamplay und Austausch mit Ihren Mitarbeiterinnen und Mitarbeitern Raum und Zeit. Formen Sie mit Charakter Ihre Teampuzzleteile für die richtigen Passungen in Ihrem Asterix-Kita-Dorf, dann wird das Ergebnis Ihrer Gedanken passen.

Noch ein Hinweis zum Schluss: Im Buch wird bei der Beschreibung der Charaktere immer die männliche Form verwendet. Frauen sind natürlich immer auch gemeint.

Ich wünsche Ihnen beim Lesen viele interessante Gedanken und innere Geschichten.

1 Teamplay

Betrachtet man den Bereich der rein technischen Möglichkeiten, so hat der Mensch enorm dazugelernt. Doch bei Konflikten im Team könnte man sich in vorige Jahrhunderte zurückversetzt fühlen. Im zwischenmenschlichen Bereich scheint das Potenzial der Vernunft schnell erschöpft zu sein. Können sich im Alltag die Potenziale eines Teams nicht entfalten und sind diese blockiert, blicken die Augen von Mitarbeitern und Eltern sofort hoffnungs- und erwartungsvoll auf die Leitung der Kita. Sie soll vernünftig und schnell lösen, was angerichtet wurde. So, als würden verunsicherte Kinder auf die Stärken ihrer Eltern hoffen. Der Kindergarten wird zum „Teamspielgarten" von Erwachsenen.

Viele Faktoren beeinflussen das vernetzte Teamplay. Komplexität mit vielen Optionen sowie Inkonsequenzen erschweren den Prozess eines erfolgreichen Teamwork. Es kommt schneller zu Verwicklungen. Entwicklung und Stabilität braucht Zeit, Konsequenz und Training.

Teamplay wird über die **soziale** Kompetenz gesteuert. Wie reagiert jeder emotional? Wie hoch ist die Stresstoleranz? Über welche kommunikativen Kompetenzen verfügt das Team? Wie wird das soziale Zusammenspiel im Team durch Persönlichkeiten, Werte und Motive beeinflusst? Die **fachliche** Kompetenz führt das Team zu definierten Zielen und zur Erfüllung der jeweiligen Aufgaben. Diesen Prozess bezeichnet man als **Teamwork,** das maßgeblich durch die Führungspersonen gemanagt wird. Sie geben die Orientierung vor und ebenso, wohin die gemeinsame Reise gehen soll. Diese gilt es durch Kommunikation, Fortbildungen, Regeln und gesicherte Vereinbarungen für den gemeinsamen Erfolg zu stabilisieren. Es braucht zur Erreichung der Ziele erstens Zeit und Raum für konsequentes Handeln und es braucht zweitens sinnvolle Strategien, um ein Team zu entwickeln und zu formen. In erster Linie ist die Führungsperson dafür verantwortlich und agiert als Vorbild.

Um das Teamplay bewusst zu verstehen, d. h. mentale wie emotionale Handlungen, objektive und subjektive Entscheidungen, sind die Erkenntnisse der Neurobiologie von großem Nutzen. Sie verdeutlichen, wie das Gehirn arbeitet, wie es Erfahrungen strukturiert und wie es den Charakter eines Menschen bildet *(zur Entstehung des Charakters → siehe Kap. 3)*. Ebenso beeinflussen die einzelnen Charaktere das Teamplay. Verantwortlich dafür sind ihre unterschiedlichen Denk- und Verhaltensmuster, Emotionen, Leidenschaften, Bewertungen, Kompetenzen, Interessen und Potenziale.

Ein weiterer Einflussfaktor ist der Umgang mit Druck, Problemstellungen und Konfliktpunkten. Wie gut ist jeder Einzelne darin trainiert, sich zwischen Aktionen zu erholen, neue Energien aufzubauen und in einer inneren Balance der Wohlspannung (Ziel der Shaolinmönche) zu agieren? Gibt es eine bewährte Problemlösungsstrategie im Team? Passt die Persönlichkeit zur pädagogischen Aufgabe? Welche Faktoren überfordern die einzelnen Teammitglieder schnell? Wie lassen sich die Potenziale jedes Teammitglieds für ein effektives Teamplay bündeln?

Hilfreich ist ein bewusst einfach gehaltener, aber vor allem konsequenter Prozess mit klaren Basisregeln – mit dem Fokus auf der **Sache** und auf der **Selbstverantwortung.**

Bei einem guten Teamplay geht es darum, die Potenziale der jeweiligen Charaktere miteinander zu kombinieren und die Passung (→ *siehe S. 14*) zu finden. Gelingt keine Teampassung, wird ein Problem länger andauern und an Heftigkeit zunehmen. Dann werden gute Führungspersonen oder externe Moderatoren benötigt, um die Chance im Streit zu erkennen sowie die unterschiedlichen Standpunkte in eine gemeinsame Richtung zu bringen und Harmonie und Freude bei der täglichen Zusammenarbeit zu gewinnen. Aber ebenso, um Klarheit darüber zu gewinnen, ob sich die Wege besser trennen sollten – auch diese Möglichkeit darf nicht ausgeschlossen werden.

Teamplay bedeutet, aufeinander zuzugehen, miteinander zu agieren und gemeinsam Ziele zu erreichen. Diese Schritte werden jedoch auf unterschiedliche Weise gelernt. Erlebnisse im Teamleben werden unterschiedlich wahrgenommen und bewertet. Streit- und Konfliktpunkte können auf dem gemeinsamen Weg durchaus hilfreich sein: Sie unterstützen dabei, Entscheidungen besser zu beleuchten und Strategien zu klären. Die Kernfrage lautet jedoch: Wie und auf welche Weise wird kommuniziert und gestritten? Offen oder versteckt? Werden Motive und Emotionen berücksichtigt? Lässt sich ein gemeinsamer Nenner finden?

→ GUT ZU WISSEN

Die Professoren Müller und Bierhoff (2000) haben „Stimmungseinflüsse in Projektgruppen“ untersucht. Sie konnten nachweisen, wie Teamleistungen von individuellen Stimmungen beeinflusst werden. Es besteht eine „Einflusskette“ von der Stimmung bis zum Arbeitsergebnis. Affektive Prozesse stehen im engen Zusammenhang zum Engagement der Teammitglieder. Insbesondere eine freiwillige Zusatzleistung bzw. ein höheres Arbeitsengagement ist von der positiven Grundstimmung abhängig. Negative Stimmungen sind eher hinderlich und demotivieren dauerhaft. Individuelle Stimmungen konkretisieren sich zu einem Teamklima. Dieses Teamklima wirkt sich unmittelbar auf die Motivation und das Engagement aus. Ein positives Teamklima ist eine „Schlüsselvariable“.

Typische Teamprobleme

Was macht es für den Menschen so schwierig, sich bewusster, vertrauensvoller und vernünftiger in ein Team einzufinden und zu agieren? Wie kann man einen strukturierteren Weg zum Teamziel gehen?

Die Gründe für Teamprobleme sind vielschichtig miteinander vernetzt. Hinter jedem Konflikt verbergen sich versteckte Wünsche, unbefriedigte, teilweise unbekannte bzw. unbewusste Bedürfnisse und ungenutzte Stärken. Eine Chance zur Veränderung wird schnell deutlich, wenn man das Problem um 180° dreht und von der anderen Seite betrachtet. Was ist nun in der Be*tracht*ung plötzlich anders? Wie beeinflusst die Konfliktpersönlichkeit als eine Art „Charakter*tracht*" die Konflikt*wahrnehmung* und Konflikt*bewertung*? Jeder Konflikt bzw. jede Krise animiert die Be*teil*igten, sich bislang ungenutzt oder unentdeckt gebliebene Chancen zu öffnen. Man kann es *so* sehen, aber auch so sehen. Man entdeckt in der Krise die Sonnenseite, die es vor dem Zeitpunkt der positiven Öffnung sinnbildlich nicht geschafft hat, die Schattenseite zu erhellen.

Tritt man mit etwas Bewegung aus dem Schatten der einseitigen Betrachtung, wird sichtbar, dass beide Seiten zusammengehören und einen Sinnansatz für eine stabile, einvernehmliche Lösung ergeben.

Wird z. B. eine Führungsperson kritisiert, sie sei in der Umsetzung der Projekte zu inkonsequent, so liegt die Chance in der Kritik, über folgende Punkte intensiv nachzudenken:

- Warum bin ich in gewissen Aufgaben und in meinem Führungsstil inkonsequent?
- Welche Erfahrungen habe ich mit Konsequenzen gemacht?
- Was versteht mein Charaktermuster unter konsequentem Handeln?
- Haben wir zu viele Projekte?
- Kann ich organisieren?
- Bin ich meiner Aufgabe und Rolle gewachsen? Was muss ich korrigieren?

Teams funktionieren am besten, wenn die jeweiligen Charaktereigenschaften gut harmonieren.

Der Vorteil jeder Krise liegt in der Aufforderung, über Notwendiges konsequenter nachzudenken und Strategien bzw. Denkmuster zu verändern. Man gewinnt Wissen für ein gestärktes Wollen und eine stabilisierte Orientierung.

Ein weiterer Grund für die Komplexität eines Konfliktes sind die Arbeitsweisen und die Potenziale des Gehirns, u. a. beim Steuern der Wahrnehmung. Wahrnehmung ist ein hochkomplexer Prozess zwischen Sinneswahrnehmung und Bewertung durch subjektive und objektive Kriterien, die mannigfaltig beeinflusst sind, u. a. von Erfahrungen und Werten. Das erklärt auch, warum man nicht nur bei Konflikten sagt: „Man kann es so sehen oder auch so sehen." Dem Bewusstsein bleibt der weitaus größte Teil der Wahrnehmung verborgen, vieles wird ausgeblendet. Verhaltensweisen und Denkmuster sind weitgehend automatisiert – sonst wäre man im Alltag vollkommen überfordert. Das Gehirn muss folglich schnell stabile Charaktermuster und Gewohnheiten anlegen, die im Konflikt durchaus ein Hindernis für Vernunft wie auch ein Auslöser für Streitereien darstellen können. Jeder Charakter hat in der Tat seine eigene sinnreiche Sicht der Dinge – „Ich sehe das nun mal so!", „Für mich fühlt sich das anders an!", „Ich höre deine Worte, aber ...", „Das schmeckt mir gar nicht!" oder „Hier riecht es nach Streit!" Die Wahrnehmung ist bewusstseinsfähig, z. B. kann man sich bewusst fühlen oder im Spiegel betrachten oder Objekte detailliert inspizieren. Nach aktuellen wissenschaftlichen Erkenntnissen sind aber nur fünf bis zehn Prozent bewusst zugänglich.

Jedes Team ist ein Spiegelbild aller Teampersönlichkeiten und ihrer Wahrnehmungsperspektiven. „Ich sehe das so!" oder „Das fühlt sich für mich so an!" oder „Ich kenne das bzw. bin es gewohnt!" sind – besonders bei Diskussionen – alltäglich gehörte Aussagen. Variable Faktoren, wie Emotionen, Charakter, Lebenserfahrungen, Kultur, Überzeugungen und Motivationen, spielen dabei ebenso eine Rolle.

Es sind vor allem fünf Faktoren, die Teams destabilisieren:

Eine gute Führungsperson ist vor allem konsequent und verlässlich.

- schlechte Führungsqualitäten, -stile
- inkonsequentes Handeln
- zu hohe Ziele und Erwartungen bei Quantität und Qualität
- die Passung stimmt nicht
- zu unterschiedliche Charaktere.

Teamfaktor 1: Führungsqualitäten

Zentrale Faktoren für ein erfolgreiches Teamplay sind die Persönlichkeit, das Charisma und die Kompetenzen der Führungsperson eines Kindergartens. Sie ist der Leuchtturm, der Motivator und Orientierungspunkt für Mitarbeiter, Kinder, Eltern des Kindergartens. An der Leitung richten sich alle aus. Fehlt es an Qualitäten, fachlichen wie sozial-emotionalen Fähigkeiten, fehlt es an Durchsetzungskraft und konsequentem Handeln, an Entscheidungsstärke und Glaubwürdigkeit, dann wird sich die Anzahl der Teamprobleme schlagartig erhöhen.

Schwache Führungspersonen sind oft im Handeln inkonsequent. Es wird versucht, es allen recht zu machen. Es regiert das Prinzip Hoffnung. Folglich werden Teammitglieder zunehmend verwirrt. Das führt zu Vertrauensverlusten und Instabilität. Am Ende macht jeder, was er will und für richtig hält.

Der Gegenpart ist die alles bestimmende Führungsperson. Durch ihre Dominanz und Kompromisslosigkeit scheint es, als habe das Team keine Probleme. In Wirklichkeit sind die Probleme nur versteckt. Das Team verlernt, selbstverantwortlich zu handeln. Und es verlernt – durch mangelnde Erfahrungen – die Kompetenz, Probleme zu lösen. Jeder wartet auf Anweisungen.

Übung

Der griechische Philosoph Platon hob vier Führungswerte hervor. Jeder Machthaber sollte sein Volk mit Weisheit, Besonnenheit, Stärke (Macht, Durchsetzungsfähigkeit) und Gerechtigkeit führen.

Einschätzung 1
Wenn Sie an Ihr aktuelles Teamplay denken und es mit den vier Werten verbinden/vergleichen, was wird Ihnen bewusst?

Einschätzung 2
Schätzen Sie spontan in Prozent ein, zu welchen Anteilen Sie Ihr Team führen bzw. Ihr Team geführt wird.

Weisheit	______%	von 100 %
Besonnenheit	______%	von 100 %
Stärke	______%	von 100 %
Gerechtigkeit	______%	von 100 %

Einschätzung 3
Wie schätzen Sie die vier Werte für Ihre eigenen Handlungen und Denkmuster im Team ein?

Weisheit	______%	von 100 %
Besonnenheit	______%	von 100 %
Stärke	______%	von 100 %
Gerechtigkeit	______%	von 100 %

Ist eine Führungsperson zu ehrgeizig und strebt sie nach Perfektion, erhöht dies enorm die qualitativen Fähigkeiten sowie die Ausbildung der Teammitglieder. Man möchte immer mehr, immer besser, immer weiter. Die Kehrseite ist das schleichende Ausbrennen durch übervolle Terminkalender – durch ein Übermaß an Projekten, Überforderungen, Perfektion und zu hohen Erwartungen. Die Persönlichkeit einer Führungsperson, ihre Ansichten und ihre Ziele bestimmen den Teamprozess. Hierzu gehört auch, wie mit Problemen und schwierigen Situationen umgegangen wird und wie diese kommuniziert werden. Jede Führungsperson hat mit ihrem gesamten Agieren, Verhalten, ihren Denkweisen sowie den emotionalen Reaktionen eine Vorbildfunktion. Wenn Emotionen, wie Wut, Angst und Enttäuschung, nicht selbstverantwortlich gesteuert werden können, werden sich viele Teammitglieder davon sozusagen überrollt fühlen.

In sich ausbalancierte Persönlichkeiten geben durch ihr vorbildliches Verhalten eine stabile und motivierende Richtung vor. Sie sind authentisch.

Teamfaktor 2: Inkonsequenz

Man kann viel wollen, ankündigen und vereinbaren. Der zentrale Aspekt liegt jedoch in der Frage: Wie agiere ich? Liegt der Fokus mehr auf konsequentem oder eher auf inkonsequentem Handeln? Wann ist man mehr das eine und wann mehr das andere? Ist das Selbstwertgefühl stark genug, um verbindlich zu handeln? Trägt das geltende Wertesystem? Ist die daraus resultierende Motivation bewegend genug?

In der *Konsequenz* symbolisieren sich zwei Aspekte. Im *Kon*, d. h. mit etwas zu sein, und in der *Sequenz*, d. h. im Sinne einer Einheit. Im Agieren und im Denken verbinden sich beide Aspekte zu einer Einheit des Seins, des wirklich Formenden, sei es als pädagogische Fachkraft oder in der Rolle als Teamleitung. Konsequentes Agieren führt zentrale Motivationen zusammen:

- das Wollen (Volition) samt Nutzen des Könnens,
- die Sinnhaftigkeit des Tuns (Strategie passend zum Ziel und zum Weg) und
- die Leidenschaft in der Beziehung zur Aufgabe und den Beteiligten.

Es zwingt den Agierenden, sich konkret der Aufgabe in schwierigen Situationen zu stellen. Im wahrsten Sinn des Wortes *konsequent zu sein.* Das bedeutet auch, sich selbst in den Entscheidungen ernst zu nehmen und in unangenehmen Momenten stark zu bleiben – und ebenso, den Umgang mit Unangenehmem zu erlernen statt es zu umgehen.

GUT ZU WISSEN

Ki-Ken-Tai

Die japanische Kriegerkaste der Samurai verfolgte zum Thema Konsequenz und Authentizität eine Drei-Punkte-Strategie: **Ki-Ken-Tai.** Diese Strategie soll Leidenschaften, Denken und Handlungen selbstverantwortlich koordinieren.

Ki steht für die richtige mentale **Einstellung** inklusive dem Glauben an sich selbst und dem Wissen um die eigene Identität. Sind Sie wirklich motiviert, um wirksam Ihre Gedanken auf das Wesentliche fokussieren zu können? Sind Sie neugierig?

Ken bedeutet, seine **Worte** sorgfältig zu wählen, um glaubwürdig zu sein. Wählen Sie Ihre Worte bedachtsam? Wie viel Wahrheit und Ehrlichkeit leben in Ihren Worten? Wie viel bzw. was verschweigen Sie?

Tai bedeutet, die Handlungen zu fokussieren und entsprechend den eigenen Ki-Ken auszurichten. Stimmen Ihre Handlungen mit Ihren Einstellungen und Worten überein?

Im negativen Teamplay agieren insbesondere Führungspersonen zu inkonsequent mit ihren Aussagen und tatsächlichen Handlungen. Es entsteht ein Glaubwürdigkeitsverlust und in der Folge ein Entscheidungsvakuum, weil unklar ist, welche Aussage gültig ist. Der Alltag bietet Situationen, auf die man flexibel reagieren muss. Manche laden zu Inkonsequenzen ein, z. B. verschiedene Interessen stoßen aufeinander, der Widerstand von Eltern oder, charmanter, das schelmische Lächeln eines Kindes. Man wird schwach und der innere Schweinehund animiert ständig, den Weg des geringsten Widerstandes zu gehen. Hinterher wird nach Erklärungen gesucht, meistens wenig glaubhaft präsentiert: „Ich wollte es ja, aber …“ „Ja, ich weiß, wir hatten es so verabredet, aber …“, „Ich fühle mich nicht stark genug und habe das neue Verhalten auch noch nicht drauf. Es steht aber auf meiner To-Do-Liste“.

Konsequenz ermöglicht Stabilität und Authentizität. Handelt man nach den verabredeten Vereinbarungen, entsteht Vertrauen. Es muss ein roter Faden erkennbar sein. Erst dann kann Flexibilität Gewinn bringen und kleine Nuancen beim Handeln ermöglichen. Stellt man Flexibilität vor die Konsequenz, stiftet das Verwirrung und zieht weitere Inkonsequenz nach sich.

Inkonsequenzen und Abweichungen finden nur dann ihre Berechtigung, wenn diese dem Ziel dienen und sich der bisherige Ansatz als unbrauchbar erweist.

Übung

Übertragen Sie nun das Ki-Ken-Tai-Modell auf Ihr Team, auf Ihre Führung und ggf. auf einzelne Mitglieder. Sie können problematische Teammitglieder mit authentischen Mitgliedern vergleichen. Was fällt Ihnen auf?

Teamfaktor 3: Ziele und Erwartungen

Man benötigt klar definierte Ziele, um zu wissen und zu steuern, wohin man gehen will, was man wie erreichen will und was dazu benötigt wird. Ziele motivieren zu entwickelnden Bewegungen, zur neugierigen Wissensaufnahme und zu wiederholbaren wie auch neuen Handlungen. Das Gehirn möchte stetig lernen und dabei erfolgreich sein. Es ist lernfreudig und ehrgeizig. Es will neue Erkenntnisse gewinnen. Es will wissen, welche Handlung wie funktioniert, wiederholbar ist und warum es so ist. Ehrgeiz motiviert sich durch die Aussicht auf Erfolg und die damit verbundenen positiven Emotionen. Man wird gelobt und im Inneren mental gestärkt. So wie Kinder lernen: mit fragender Neugierde, einem ausprobierenden Handeln und einem freudigen Miteinander. Jedes Talent baut sich mit den drei Basismotivationen (*→ siehe Kap. 3*) sukzessive zu einem erfolgreichen Talent auf. Im Sinne des Gehirns ist Talent nicht in die Wiege gelegt, sondern mit Leidenschaft trainiert.

Jeder Mensch hat ein bestimmtes Quantum an Zeit und energetischen Ressourcen zur Verfügung. Wird zu viel aufgeladen und werden zu viele Themen und Ziele gesetzt, kann es keinen Fortschritt geben. Die Enttäuschung ist vorprogrammiert. Dazu gesellt sich schnell das Gefühl der Unzulänglichkeit und starke Kritik von außen. Es müssen Abstriche bei der Qualität gemacht werden. Projekte können nicht oder oft genug nur auf den letzten Drücker zu Ende geführt werden. Unerwartetes sprengt das Zeitbudget. Auch unterschiedliche Motivationen und Interessen sowie fachliche Qualitäten beeinflussen das Ergebnis. Schnell herrschen Kritik und Unzufriedenheit im Team. Man stellt sich infrage bzw. man wird infrage gestellt. Die Teamprobleme wachsen. Andererseits sollen die gesteckten Ziele unbedingt erreicht werden. Es wird klar, dass diese Rechnung nicht aufgehen kann.

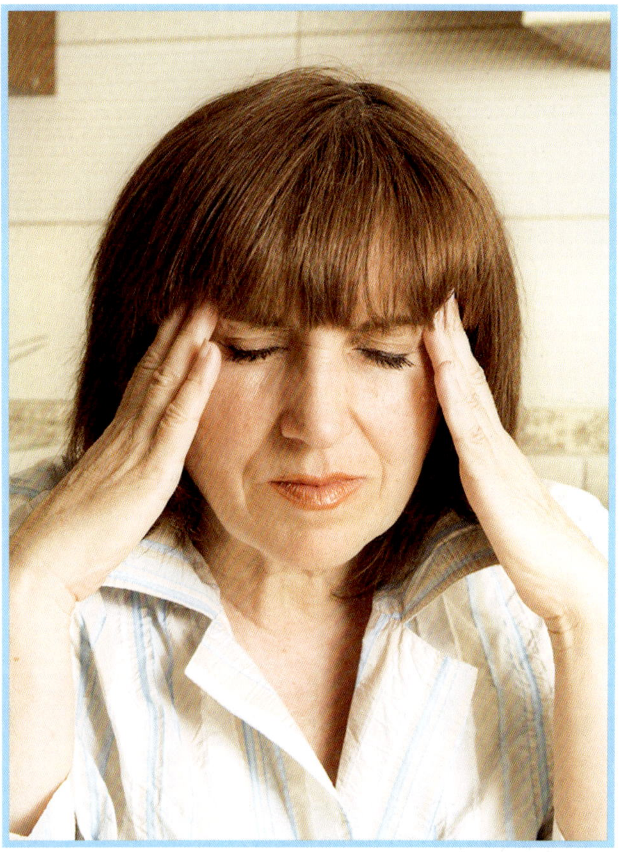

Was zu viel ist, ist zu viel – Sie haben nur begrenzte Ressourcen zur Verfügung.

Perfektionsstreben, hoher Leistungsdruck durch hohe Erwartungen, sich keine Fehler erlauben zu dürfen, lassen Teammitglieder wie Führungspersonen schnell ausbrennen. Die zahlreichen Folgen sind nicht immer sofort ersichtlich. Zunächst lodert das Ausbrennen in einem persönlich – mit Folgen für das Kleinteam. Dann erfasst das Feuer mehrere Mitarbeiter. Alle bekommen zunehmend das Gefühl, täglich spontane Feuerwehraktionen vornehmen zu müssen. Denn irgendwann brennt es an allen Ecken. Manche Eltern kommentieren das Feuer im Teamspiel mit ihren eigenen Emotionen oder gießen Öl hinzu. Manche Teams machen es selbst, weil die Ziele nicht minimiert und auf ein machbares Niveau reduziert werden. Die finanziellen Mittel für mehr Personal sind begrenzt. Der – zum Teil selbst aufgebaute – Druck, u. a. durch Qualitätsmanagement, bleibt bestehen.

Teamfaktor 4: Die Passung

Im Alltag gibt es sehr wahre Sinnsprüche und Ausdrücke. Gern wird gesagt, um einen Erfolg, eine Entscheidung oder eine Motivation auszudrücken: „Das hat (nicht) gepasst“ oder „Das passt mir (nicht)“. Zu motivieren heißt, die Passung zu finden. Das gilt auch für ein erfolgreiches Teamplay. Die Passung zu finden bedeutet primär, eine Suche nach notwendigen Ergänzungen zu beginnen und die Verbindungsoptionen zwischen unterschiedlichen Motivationen auszuloten und kooperierend herzustellen.

In Teamproblemen stimmt oft eine Reihe von Passungen nicht: individuell, in der Führung, in der konsequenten Umsetzung, in der Konzeption in Kombination zu fähigen Mitarbeitern, in der Ausbildung von Teammitgliedern und im Abrufen des Erlernten. Die Charaktere im Team sind zu unterschiedlich, die Werte und Motivationen sind nicht geklärt oder zu unterschiedlich, es wird keine einheitliche Richtung verfolgt etc.

Bei einzelnen Teammitgliedern wie auch bei Führungspersonen stellt sich durchaus die Frage, nach welchen Kriterien sie ausgewählt wurden. Es passt jedenfalls nicht und es knarrt im Teamgebälk. Gründe hierfür können Überforderung, z. T. enorme persönliche Probleme und auch Motivationsdefizite im Hinblick auf die pädagogische Aufgabe sein.

Ein weiterer Passungsfaktor ist Zeit. Denn die Entwicklung von Qualitäten für den Weg zum Ziel braucht Zeit. Oft entdeckt man auf dem Weg etwas, womit man nicht gerechnet hat und was man noch lernen muss, um das Ziel zu erreichen. Nicht zu vergessen: Es braucht viele Stunden und viele Wiederholungen, damit eine automatisierte Handlung zur Gewohnheit wird. Das Gehirn will es so – es lernt aufbauend und Schritt für Schritt. Aber nimmt man sich dafür die Zeit? Die zunehmende Ungeduld beim Lernen steigert die Teamprobleme. Der kurzfristige Gewinn wird teuer mit späteren Verlusten (u. a. Qualitätsmangel) bezahlt. Der Kredit wird zunehmend bei den Beteiligten verspielt. Meisterschaften gewinnt man durch Qualität und die benötigen Zeit – auch als Team wird man mit der Zeit reifer. Wie heißt es so passend: „mit Geduld und Spucke“.

Um gemeinsam stark zu sein, müssen mehrere Aspekte stimmen.

Teamfaktor 5: Die Charaktere

„Jeder Jeck is anders“, sagt man in Köln. Intuitiv weiß man, dass die jeweils unterschiedlichen Charaktere beim Überleben helfen. Die Natur muss sich etwas dabei gedacht haben. Damit das Überleben gelingt, agiert man u. a. in sozialen Gruppen mit bestimmten Rollen, Aufgaben, je nach Stärken und Schwächen.

Das Bedürfnis nach Gemeinsamkeit ist natürlich. Dabei stellt sich allerdings täglich die Aufgabe, diesen Wunsch sowie alle weiteren Bedürfnisse mit unterschiedlichen Charakteren optimal zu kombinieren. Das gelingt, wie man weiß, nicht immer. Die Unterschiedlichkeiten, die man so gern akzeptieren will, werden zum Bumerang: „Der tickt anders“ oder „Warum muss ich diesen Menschen ertragen?“ Und wie gelingt es nun, die Akzeptanz und den gleichen Rhythmus zu finden?

Übung: Die 5 Teamprinzipien des Don Shula

Don Shula ist einer der erfolgreichsten Trainer der NFL (National Football League). Er verfolgte u. a. fünf Prinzipien, damit ein Team optimal und erfolgreich agieren kann.

Prinzip 1: Unity

Durch einen klaren Teamkodex (Teamvertrag) und definierte Verhaltenserwartungen wird die Basis für eine Einheit (Unity) im Team hergestellt. Der Kodex gibt Orientierung und Regeln und fördert den Zusammenhalt durch gegenseitige Hilfe und Unterstützung.

Zu wie viel Prozent empfinden Sie Ihr Team als Einheit?

_________%

Prinzip 2: Proud

Der Wille zum Erfolg, die richtige Einstellung sowie Disziplin schweißen ein Team zusammen. Schwierige Situationen zu überwinden, eine Lösung zu finden und niemals aufzugeben, verbindet ebenso. Positiver Stolz stärkt die vorhandenen Stärken und bindet Menschen.

Zu wie viel Prozent empfinden Sie Stolz für Ihr Team?

_________%

Prinzip 3: Passion

Leidenschaft für den Beruf und hochmotiviert zu sein, sind weitere wichtige Prinzipien für eine erfolgreiche Teamarbeit und für den Zusammenhalt im Team.

Zu wie viel Prozent agiert Ihr Team leidenschaftlich und ist hochmotiviert?

_________%

Prinzip 4: Strategy

Ein Team findet aufgrund einer zu erfüllenden Aufgabe, vorhandener Ressourcen und Potenziale zusammen. Um die definierten Ziele zu erreichen, benötigt es eine kluge, sinnvolle und nützliche Strategie: Wie erreicht es das Ziel? Wie managt es professionell den Alltag? Welche Aufgaben werden wie verteilt? Wie werden diese Aufgaben abgestimmt?

Zu wie viel Prozent schätzen Sie die Stärke Ihrer Teamstrategie ein?

_________%

Prinzip 5: Legacy

Jedes Team braucht charismatische Führungs- und Teamspieler, die für alle eine Orientierung und einen Kodex bieten. Spieler, die das Teamplay fördern, Potenziale ebenso erkennen wie stärken und Teammitglieder binden. Durch ihre Vorbildfunktion wirken sie wie ein Leuchtturm. Sie geben Sicherheit und zeigen auch in schwierigen Situationen Charakter.

Zu wie viel Prozent zeigen Ihr Team und Ihre Führungsperson Charakter?

_________% (Team)

_________% (Führung)

Wofür Konflikte gut sind

Trotz aller Bemühungen, einen positiven Umgang miteinander zu haben, gehen Menschen immer wieder gern in zwischenmenschliche Problemfelder. Diese werden von bestimmten Charakteren gern initiiert, gelebt und mit Überzeugung gepflegt. Es scheint etwas „Konfliktmotivierendes" im Menschen zu sein. Wie durch ein Naturgesetz wird die Auseinandersetzung gesucht. Manche nennen es auch Herausforderung – persönlich oder thematisch. Manche wechseln dabei die Themen, andere bleiben beim Thema, wechseln aber die Streitpersonen. Im Extremfall wird es ungemütlich, aufreibend und sehr verletzend.

Warum ist dies so? Wofür ist es gut? Konflikte sind ein gutes Trainingsprogramm zum Überleben. Sie bringen Klarheit über Punkte, für die bislang keine nützlichen und sinnvollen Lösungen gefunden wurden. Jede Auseinandersetzung beginnt mit einer Diskussion, mit einer anderen Sichtweise oder einer anderen Wahrnehmung („Ich sehe es anders."). Wenn es bei der Kommunikation nicht gelingt, einen gemeinsamen Konsens oder Weg zu finden, dann wird Stillstand erlebt. Stillstand bedeutet im Sinne der Natur den Tod bzw. zumindest keinen Fortschritt. Das birgt die Gefahr, schutzlos zu sein. Man erstarrt und kann nicht handeln. Das kann ein kurzer Augenblick sein, bei Wut oder Verletzung, aber auch ein lang andauernder, z. B. bei permanenter Überforderung.

Heftige Emotionen sind im Streitfall sehr effizient. In der Situation des Stillstands helfen Emotionen, Druck abzubauen. Irgendetwas zu tun, nur damit es weitergeht und es eine Klärung gibt – durch Stärke des Arguments, der Emotion oder durch Kraft – oder durch einen Mix aus alldem. Das Erdbeben im Team ist ein Signal dafür, dass Motive nicht ver-

Starke Emotionen helfen im Konfliktfall, Druck abzubauen.

standen wurden. Ein starker Mangel herrscht vor. Worum geht es wirklich? Worin genau besteht der Mangelzustand? Was ist das steuernde Motiv? Motive und Werte sind eng miteinander verbunden. Der Grund für das Verweigern oder Schweigen auf direkte Nachfragen in Bezug auf deren eigene Erziehungserfahrungen kann vordergründig im kulturellen Wert „Freiwilligkeit" und „man will keinen Zwang ausüben" deklariert sein – in Wahrheit steckt das Motiv Unsicherheit und Angst der Erzieher dahinter. Zweifelsohne ist es notwendig, die Eltern nach den eigenen Erziehungserfahrungen zu fragen, weil deren Erlebnisse den Erziehungsstil maßgeblich beeinflusst haben.

Motive zu erkennen ist schwer. Sie sind zu 95 % unbewusst, d. h. man weiß in der Regel nur zu gut 5 %, warum so gedacht und sich so und nicht anders verhalten wird. Alle Motive sind zudem emotionalisiert, damit sie wirken können. Emotionen binden an den jeweiligen Glauben und bringen die Motivationen in Bewegung. Bei der richtigen Ausrichtung (Ziel) des jeweiligen Verhaltens helfen andere Menschen. Von manchen lernt man viel, von manchen will man nichts lernen. Doch Motive werden erlernt, so wie Verhalten und Überzeugungen erlernt wurden. D. h. auch, man kann – wenn man es will – neu lernen, stetig das Neue trainieren und sich Zeit geben.

Die Emotionalisierung der Motive hat einen weiteren Vorteil: Sie initiiert Kraft und Energie. Dies hilft bei Entscheidungen. Man kennt das befreiende energetische Gefühl, wenn man endlich eine Entscheidung, die sich gut anfühlt, getroffen hat. Dann stimmt die Passung zwischen Bedürfnissen, Interessen und Motiven. Schafft man es nicht, die Entscheidung auf friedvollem Weg zu finden, dann helfen dabei Konflikte. Mit der richtigen Einstellung will man sich durchsetzen, sein Argument gewinnen lassen. Damit das Feuer nicht ausgeht, werden Konflikte und Kritikpunkte immer persönlich genommen. Das fördert die Veränderungen. Bei sich selbst oder im Team. Ein kleiner Cocktail von Emotionen hilft bei der Motivklärung. Man darf nur nicht zu viele davon trinken.

→ GUT ZU WISSEN

Inspector Columbo muss im Verbrechensfall – wie Teams im Konfliktfall – die verborgenen Hintergründe aufdecken. Eine schwierige Aufgabe: Ablenkungsmanöver sollen den wahren Grund verbergen und die Aufmerksamkeit in eine andere Richtung lenken. Dazu gibt es allerhand Methoden: beispielsweise lügen, Situationen anders darstellen, auf andere Menschen zeigen oder ins Spiel bringen, logische Erklärungen abzugeben, die erst als unlogisch identifiziert werden müssen, Vorwürfe und auch das Zeigen starker Emotionen, z. B. „Du bist so gemein, dass ich weinen muss." oder „Ich bin wütend, damit du Angst bekommst und keine weiteren Fragen mehr stellst." etc.

Welche Ablenkungsmanöver wenden Sie gern an? Es macht Sinn, die Hintergründe und Aufgaben der Hauptemotionen zu kennen und ihren Ausdruck in Mimik und Körpersprache. Sie weisen den Weg zum wirklich wirksamen Motiv, denn sie sind im ersten Augenblick nicht zu steuern. Passen Aussage (bewusst) und Emotion / Körpersprache (unbewusst) nicht überein, wird höchstwahrscheinlich ein verstecktes Motiv und ein nicht genanntes persönliches Bedürfnis (persönliches Interesse, versteckter Wunsch) vorliegen. Nun gilt es, die Aussagen zu hinterfragen, das Ablenkungsmanöver zu offenbaren und in die richtige Motivrichtung zu steuern.

Jeder Konflikt weist auf kommunikative Missstände und ungenügende soziale Trainingsprogramme beim Einzelnen oder im Team hin, unter dem Motto: „Wer nicht (zu)hören will, …". Man hat es oft verpasst, wie Inspector Columbo die Hintergründe zu erörtern. Wiederholen sich Konfliktthemen in schöner Regelmäßigkeit im Team wie bei Einzelnen, weist dies ebenfalls auf Missverständnisse hin. Meist liegen dahinter emotional-blockierende Erfahrungen, die weit zurückliegen können.

Konflikte weisen auf Inkonsequenzen hin. Inkonsequenzen beinhalten durchaus Durchsetzungsschwäche. Geht der rote Faden verloren, signalisiert dies fehlende Verlässlichkeit und Loyalität. Das wird als Gefahr wahrgenommen. Mangelt es an Kompetenz, das Richtige zu entscheiden, bewirkt dies einen Zustand der Orientierungs- und Hoffnungslosigkeit. Dann ist es besser, miteinander zu streiten und um die richtige Position und Motive zu ringen. Das bringt Bewegung ins Teamplay und die Möglichkeit, vielleicht so wieder zueinanderzukommen.

Wenn man Prozesse und Hintergründe von Konflikten verstehen und für andere Bewegungen sinnvoll nutzen will, dann werden Konflikte auf einmal sehr produktiv und nützlich statt zerstörerisch. Eine neue Betrachtung, die die motivierenden Hintergründe berücksichtigt, birgt enormes Veränderungs- und Stärkepotenzial. Die vielfältigen Charaktere helfen dabei, einen Konflikt von mehreren Seiten zu betrachten.

Das Gute daran ist: Man hat die Chance, zu entscheiden – wenn mutige und vernünftige Aspekte dargelegt werden. Jeder Konflikt fördert eine wahre Haltung zutage, die sonst im Verborgenen geblieben wäre.

Warum Konfliktlösung so schwer ist

Das Gehirn ist ein einfach kompliziertes Ding. Es liebt Emotionen. Und es liebt es, dem Bewusstsein nicht zu viel zuzumuten. Wie schön, dass es Konfliktpotenziale jeden Tag neu gibt. Es droht sonst Langeweile; dafür lernt das Gehirn zu gern – besonders aus Konflikten. Mit vielen Emotionen, vielen unbewussten Motiven und Überzeugungen, die so richtig viel Antrieb geben. Ein Verhalten, bei dem das Bewusstsein oft dem Verzweifeln nahe ist. Insbesondere dann, wenn Absprachen gebrochen werden oder man das Ganze nicht mehr versteht. „Nicht schon wieder! Was soll das? Wir hatten doch …! Macht euch das Spaß?" Ja! klingt es unbewusst in den Gehirnen der Teammitglieder. Jetzt ist was los. Wie bei Kindern: Wenn es zu schön wird, muss man neue Reize setzen.

Man unterliegt den Gesetzen des Gehirns. Aber sie können auch genutzt werden. Im Konfliktfall ist man automatisch im Suchprozess nach der richtigen Antwort. Manche Menschen haben gelernt, durch Konflikte die richtigen Fragen zu stellen bzw. mit ihnen konfrontiert zu werden. Manche scheinen nach dem Prinzip „Wer wird Konfliktmillionär?" zu leben. Aus Konflikten lernt das Gehirn dazu: Es nutzt oder setzt diese Impulse. Zum Leidwesen

Im Konfliktfall zeigt sich der „wahre Charakter".

der Vernunft nimmt der Mensch Konflikte gern persönlich statt sachlich. Emotionen sind das Salz in der Suppe des Miteinanders und des Lernens. Positive wie negative Erfahrungen werden intensiver gelernt als neutrale. Das Gehirn vertraut mehr der Emotion und dem Gefühl als der sachlichen Aussage. Das Gefühl und die Erfahrungen navigieren im Konflikt, ob man einer Aussage trauen kann oder nicht. Starke Emotionen verhelfen dem Gehirn, speziell das herauszufiltern, was es zur Bestätigung seiner Interpretation hören will. In der Folge hört man nicht mehr zu, was der andere genau sagt. Damit verhindert man erfolgreich, Motive heraushören und verstehen zu können. Ein Lern- und Analyseprozess wird so erfolgreich torpediert. Das archaische Prinzip des Überlebens übernimmt komplett das Ruder. Nun „zeigt man seinen *wahren* Charakter" und was man im Leben gelernt hat, wie man sich in Konflikten aufzuführen hat, um zu gewinnen. Die ausgesprochenen Bewertungen der Beteiligten können das Feuer zusätzlich anheizen oder reduzieren. Man kann sich dann durchaus *kalt gestellt* fühlen, *erleichtert* sein oder man beobachtet *erhitzte Gemüter.*

Effektiv wird eine bewusste Diskussion durch mehr Sachlichkeit. Dies macht eine Diskussion aber auch extrem langsam und ermüdend. Warum ist das so? Das **Bewusstsein** kann Informationen nur mit einer Geschwindigkeit von 40 Bits pro Sekunde verarbeiten. Das **Unterbewusstsein** mit den Emotionen schaltet den „Turbobooster" ein und verarbeitet 10 – 14 Millionen Bits pro Sekunde. Das macht Konflikte so emotional und senkt die Chance auf vernünftige Diskussionen erheblich. Dafür muss man förmlich eine Vollbremsung hinlegen. Folglich qualmt es mächtig im Gehirn und im Team. Wie in der Formel 1 braucht man sehr viel Training, um gut und schnell durch den Parcours zu kommen. Ebenso braucht man ein professionelles Team mit hoher Kommunikationskompetenz. Dafür muss man trainieren und das Bewusstsein entsprechend strapazieren.

Gutes Teamplay ist eine Charakterfrage

Menschen sind mit allen Facetten ihrer jeweiligen Charakter-Ausprägung unterschiedlich, ebenso wie Team und Führungspersonen. Es ist eine große Aufgabe, die einzelnen Charaktere zu integrieren, zu akzeptieren und daraus ein Team zu formen.

Die richtigen Personen für ein Team zu finden, gleicht einem Puzzle.

Oft spiegeln Aussagen wie „Charakter zeigen", „ein feiner Charakterzug" oder „das ist charakterlos" Erwartungen wider. Was hier für den Einzelnen gilt, kann man auf ein Team übertragen, so, als sei das Team als solches eine Persönlichkeit mit typischen Charaktereigenschaften. Persönliche Werte, Überzeugungen und Verhaltensnormen sind die Messlatten, ob man jemandem Charakterschwäche attestiert oder nicht. Die gestellten Erwartungen an einen Charakter müssen im Team nachhaltig definiert sein, um eine zentrale Wirkung zu erzeugen. Entsprechend werden das Verhalten und seine Auswirkungen bewertet. Das ist sehr gut im Sport zu beobachten. Im Boxen z. B. gibt es klare Definitionen, wie man sich im Ring und im Kampf zu verhalten hat. Zur Orientierung der Teammitglieder werden Regeln und Normen aufgestellt, die die Verhaltenserwartung klar beschreiben. Dadurch werden Charaktere gebündelt, um effizient und Hand in Hand miteinander arbeiten zu können. Ein vereinbarter Teamvertrag hilft gegen die Vergesslichkeit. Das notwendige Vertrauen in jeden und in das verbundene Gefühl der Sicherheit bekommt ein „sanftes Ruhekissen".

Aus der Ruhe gerät man, wenn der eigene Charakter infrage gestellt wird oder man mit Menschen in einem Team agiert, die eine andere Wellenlänge haben. Die gleiche Frequenz vergrößert die Chance auf ein konsequenteres harmonischeres Miteinander. Das gilt nicht unbedingt für Teamergebnisse. Menschen können gemeinsam gute Ergebnisse erzielen, auch wenn sie verschiedene Charakterstrukturen und Denkmuster haben. Dies funktioniert, wenn sie ehrgeizig am gemeinsamen Ziel arbeiten. Die Akzeptanz des „Andersseins" bei gleichzeitiger Wertschätzung der Qualitäten erhöht das qualitative Teamplay. Jedoch: Teams oder Paare bleiben bei gleicher Wellenlänge länger zusammen.

Fazit: Charaktere beeinflussen die Art und Weise der Konfliktführung, die gegenseitigen Erwartungen über Ziele und Wege, die Konfliktthemen, die Emotionalität und Wortwahl im Team u. v. m.

Deshalb ist das richtige Teamplay auch eine Charakterfrage. Es gleicht einem Puzzle, die richtigen Personen mit den richtigen Qualitäten zu finden und zusammenzufügen. Sich das Puzzleteil passend zurechtzuschneiden, bringt mittelfristig wenig. Irgendwann fällt auf, dass es nicht passt, vielleicht auch nie gepasst hat oder man hat das richtige Puzzleteil nicht gefunden. Deshalb sollte jede Führung bzw. jedes Team ein genaues Bild vor sich haben und wissen, wen es für die Teamaufgaben und Ziele wo und wie einsetzen kann.

2 Teamführung

Trotz aller basisdemokratischen Ideale und Ansätze: Der Mensch scheint in der Regel seinem allnatürlichen Impetus, geführt zu werden, zu folgen. Kinder wollen von Eltern sicher und wertschätzend geführt werden. Dies gilt für Kita-Teams und in vielen anderen Institutionen. Führungspersonen haben eine immens wichtige Funktion: Sie geben der Gruppe Stabilität durch respektvolle Beziehung, von Klugheit geprägte Klarheit und Stärke in den Entscheidungen. Ebenso geben sie Möglichkeiten zur Weiterentwicklung und forcieren den Glauben an Erfolg. Sie geben Orientierung. Führen heißt in erster Linie Vorbild zu sein, Menschen passend aneinander zu binden und dem Team durch Vorausschau Handlungsperspektiven zu offerieren. Das ist etwas anderes als Manager zu sein. Managen heißt: Die Absprachen und Ziele werden auf den besten Wegen – als stabiler Ablaufprozess – koordiniert, organisiert und verwaltet. Darin besteht, insbesondere unter dem Aspekt der sozialen Kompetenzen, ein signifikanter Unterschied. Diese müssen bei der Teamführung tiefer ausgeprägt sein. Beide Bereiche sind, ohne dabei die primären Aufgaben zu übersehen, im Kontext zu betrachten. Dieses gilt beispielsweise auch für Motivation, Animation, Emotionen und Gefühle.

Teamprobleme sind sehr häufig mit Führungsproblemen verbunden. Immer wieder stellen sich folgende Fragen:

- Ist die Leitung eine wirksame, authentische Führungspersönlichkeit?
- Wurde die Führungsperson richtig ausgebildet?
- Stimmt die Passung zwischen Person, Rolle, Motivation und Aufgabe wirklich?

Eine gute Führungsperson gibt dem Team die Möglichkeit zur Weiterentwicklung und fördert den Erfolg.

Die Führung von Menschen ist per se keine einfache Aufgabe. Sie wird aber umso schwieriger, wenn die Aufgabe von einer Person übernommen wird, die dafür schlecht ausgebildet wurde, und ebenso, wenn der dynamische rote Faden in ihrer Führungsphilosophie und im Führungsverhalten fehlt. Führungspersonen müssen in erster Linie durch ihre Ausstrahlung, ihren Charakter, ihre Werte und Glaubenssätze überzeugen. Das wiederum äußert sich durch ihre Kompetenz zur Kommunikation sowie ihrer Fähigkeit zur Konfliktklärung und Gesprächsführung.

Mangelt es an einer Stelle, dann wird es auch im Team genau daran mangeln. Mängel können durch die Co-Leitung und Trainings ausgeglichen werden. Beispielsweise weil die Co-Leitung in Konfliktgesprächen ruhiger agieren kann. Voraussetzung dafür ist, dass dies von allen Teammitgliedern respektiert wird. Erlebnisse und Vorstellungen von einer geeigneten Führungsperson mit Charakter und Inspiration sind im persönlichen Erfahrungsspeicher hinterlegt. Man bildet gewissermaßen eine Charakter*tracht*. Man bekleidet als Führungsperson ein Amt und eine Aufgabe. Passen Charakter, Können und Charisma zusammen, wird die Amtszeit von Erfolg gekrönt sein. Umgangssprachlich hört man dann Sätze wie „Das Kleid passt.", „Der Anzug sitzt."

Bevor ein Teamvertrag (→ *siehe Kap. 7*) ausgearbeitet und vereinbart wird, sollten Führungspersonen – im Sinne der Selbstverantwortung und der eigenen Weiterentwicklung – in medias res gehen. Mit den nachfolgenden Bausteinen kann man verschiedene Führungsaspekte für sich beantworten und selbstkritisch reflektieren. Die anschließenden Fragebögen sollten Sie unbedingt alle beantworten. Sie bauen nicht zwangsläufig aufeinander auf. Daher können Sie sich einzelne Aufgaben frei heraussuchen.

Führung im Selbst- und Fremdbild Seite 1

Bewerten Sie für sich folgende Aspekte. Lassen Sie diese Aspekte als Fremdbild auch von zwei Personen Ihrer Wahl aus dem Team betrachten und tauschen Sie sich fragend darüber aus. Bitte nicht unter der Prämisse des Rechthabens diskutieren, sondern mit forschenden Sinnen und Wissen-Wollen.

Als Führungsperson agiere ich aktuell		+ ⟵ 1	2	3	4	5	⟶ – 6	**Als Führungsperson agiere ich aktuell**
1	leidenschaftlich/aktiv	○	○	○	○	○	○	lustlos/passiv
2	ehrgeizig/leistungswillig	○	○	○	○	○	○	nach Vorschrift
3	motiviert	○	○	○	○	○	○	demotiviert
4	willensstark	○	○	○	○	○	○	willensschwach
5	charakterstark	○	○	○	○	○	○	charakterschwach
6	hilfsbereit	○	○	○	○	○	○	egoistisch
7	lernbereit/neugierig	○	○	○	○	○	○	ängstlich/stur/bewahrend
8	mit Teamgeist	○	○	○	○	○	○	ohne Teamgeist
9	bei Kritik sachlich	○	○	○	○	○	○	bei Kritik persönlich
10	mit hohem Selbstvertrauen	○	○	○	○	○	○	ohne Selbstvertrauen
11	loyal	○	○	○	○	○	○	illoyal
12	diszipliniert	○	○	○	○	○	○	undiszipliniert
13	optimistisch	○	○	○	○	○	○	pessimistisch
14	konzentriert	○	○	○	○	○	○	abgelenkt
15	konstruktiv	○	○	○	○	○	○	destruktiv
16	handlungsstark	○	○	○	○	○	○	handlungsschwach
17	nervenstark	○	○	○	○	○	○	nervenschwach
18	eigeninitiativ	○	○	○	○	○	○	abwartend
19	entscheidungsstark	○	○	○	○	○	○	entscheidungsschwach
20	strukturiert	○	○	○	○	○	○	unstrukturiert
21	mutig	○	○	○	○	○	○	zaghaft

© Verlag an der Ruhr | So klappt's im Kita-Team | Autor: Heiko Hansen | ISBN 978-3-8346-2531-1 | www.verlagruhr.de

Führung im Selbst- und Fremdbild Seite 2

	Als Führungsperson agiere ich aktuell	+ 1	2	3	4	5	– 6	Als Führungsperson agiere ich aktuell
22	mit definierten Leistungserwartungen	○	○	○	○	○	○	mit offenen Leistungserwartungen
23	ausgleichend	○	○	○	○	○	○	provozierend
24	neugierig/innovativ	○	○	○	○	○	○	ängstlich/konservativ
25	mit schneller Konfliktklärung	○	○	○	○	○	○	mit langsamer Konfliktklärung
26	mit effektiver Kommunikation	○	○	○	○	○	○	mit uneffektiver Kommunikation
27	lobend	○	○	○	○	○	○	kritisierend
28	respektvoll	○	○	○	○	○	○	respektlos
29	selbstbestimmt	○	○	○	○	○	○	fremdbestimmt
30	konsequent	○	○	○	○	○	○	inkonsequent
31	mit hoher fachlicher Kompetenz	○	○	○	○	○	○	mit geringer fachlicher Kompetenz
32	mit hoher sozialer Kompetenz	○	○	○	○	○	○	mit geringer sozialer Kompetenz
33	mit stabiler Emotionssteuerung	○	○	○	○	○	○	mit instabiler Emotionssteuerung
34	führungsstark	○	○	○	○	○	○	führungsschwach
35	belastbar	○	○	○	○	○	○	nicht belastbar
36	erfolgreich	○	○	○	○	○	○	erfolglos
		+ 1	2	3	4	5	– 6	
37	Ich höre bei Konflikten genau zu.	○	○	○	○	○	○	Ich höre ungern bei Konflikten zu.
38	Ich kann gut unter Druck arbeiten.	○	○	○	○	○	○	Ich kann unter Druck nicht arbeiten.
39	In meinem Team herrscht ein vertrauensvolles Teamplay.	○	○	○	○	○	○	In meinem Team herrscht ein Gegeneinander-Ausspielen.

© Verlag an der Ruhr | So klappt's im Kita-Team | Autor: Heiko Hansen | ISBN 978-3-8346-2531-1 | www.verlagruhr.de

Führung im Selbst- und Fremdbild Seite 3

		+ 1	2	3	4	5	– 6	
40	Es besteht ein Vertrauensverhältnis zwischen Team und mir als Führungsperson.	○	○	○	○	○	○	Es besteht ein Misstrauen zwischen Team und mir als Führungsperson.
41	Mein Team vertraut meinen Führungsqualitäten.	○	○	○	○	○	○	Mein Team misstraut meinen Führungsqualitäten.
42	In Diskussionen und Meetings bin ich sachlich und ruhig.	○	○	○	○	○	○	In Diskussionen und Meetings bin ich unsachlich, zu emotional.
43	Es besteht ein kooperativer Austausch mit Eltern.	○	○	○	○	○	○	Es besteht ein unkooperativer Austausch mit Eltern.
44	Wir erreichen unsere Ziele konsequent.	○	○	○	○	○	○	Wir erreichen unsere Ziele nicht.
45	Ich fühle mich wohl und sicher im Team.	○	○	○	○	○	○	Ich will das Team verlassen, weil ich mich unwohl fühle.
46	Ich präge das Team mit.	○	○	○	○	○	○	Ich bin Außenseiter im Team.
47	Ich bin selbstkontrolliert.	○	○	○	○	○	○	Ich bin impulsiv.
48	Unsere Entscheidungen werden vernünftig getroffen.	○	○	○	○	○	○	Unsere Entscheidungen sind eher unvernünftig.
49	Ich manage meine Bedürfnisse sehr gut.	○	○	○	○	○	○	Meine Bedürfnisse sind blockiert und ich ignoriere sie.
50	Unter Druck halten wir zusammen.	○	○	○	○	○	○	Unter Druck brechen wir auseinander.
51	Bei Problemen sind wir empathisch und analysieren detailliert.	○	○	○	○	○	○	Bei Problemen agieren wir mit Vorwürfen und Schuldzuweisungen.
52	Wir haben ein positives Teamplay der Stärken und des Lobes.	○	○	○	○	○	○	Wir haben ein negatives Teamplay mit Machtkämpfen und Neidverhalten.
53	Notwendige Reformen werden aktiv von mir gemanagt.	○	○	○	○	○	○	Notwendige Reformen blockiere ich und agiere eher vorsichtig.
54	Es gibt einen positiven Umgang mit Fehlern und wir lernen daraus.	○	○	○	○	○	○	Es gibt Vorwürfe, Zorn und Vorhaltungen bei Fehlern.
55	Meine Stimmungen sind sehr stabil.	○	○	○	○	○	○	Ich habe sehr wechselhafte Stimmungen.

© Verlag an der Ruhr | So klappt's im Kita-Team | Autor: Heiko Hansen | ISBN 978-3-8346-2531-1 | www.verlagruhr.de

Mein Führungsstil Seite 1

1. Ich identifiziere mich mit folgendem Führungsstil, ____________________

____

weil ____________________

____

2. Meine fünf wichtigsten Führungswerte sind:

a ____________________ Platz ________

b ____________________ Platz ________

c ____________________ Platz ________

d ____________________ Platz ________

e ____________________ Platz ________

Bringen Sie diese nun in die Reihenfolge ihrer Wertigkeit in der Reihenfolge von 1 – 5, wobei 1 für die höchste Wertigkeit steht, und beantworten Sie anschließend die folgenden Aspekte:

Welche Vorteile gewinne ich durch meine fünf Führungswerte für meinen Führungsstil?

____

____

Welche Regeln folgen daraus (Umsetzung der Werte im Alltag)?

____

____

3. Mein wichtigster Führungsglaubenssatz lautet?

____

____

4. Was motiviert mich zur Führungsrolle? Bitte nennen Sie 5 Motive/Motivationen und bringen Sie diese in die Reihenfolge von 1– 5, wobei 1 für das wichtigste Motiv steht.

a ____________________ Platz ________

b ____________________ Platz ________

c ____________________ Platz ________

d ____________________ Platz ________

e ____________________ Platz ________

© Verlag an der Ruhr | So klappt's im Kita-Team | Autor: Heiko Hansen | ISBN 978-3-8346-2531-1 | www.verlagruhr.de

Mein Führungsstil Seite 2

5. Was sind Ihre Führungsstärken (Charakterstärken/Ressourcen)? Bitte nennen Sie fünf Stärken. Bringen Sie diese Stärken jetzt in eine hierarchische Reihenfolge von 1–5, wobei 1 für die Ihrer Meinung nach positivste Eigenschaft steht.

a ____ Platz ________

b ____ Platz ________

c ____ Platz ________

d ____ Platz ________

e ____ Platz ________

6. Was sind Ihre Führungsschwächen (Entwicklungspotenziale)? Bitte nennen Sie fünf Schwächen. Bringen Sie diese in eine hierachische Reihenfolge von 1–5, wobei 1 für die Ihrer Meinung nach negativste Eigenschaft steht.

a ____ Platz ________

b ____ Platz ________

c ____ Platz ________

d ____ Platz ________

e ____ Platz ________

7. Welche dieser 5 Führungsschwächen wollen Sie als Erstes zu einer eventuellen Stärke entwickeln?

____

8. Wann beginnen Sie damit selbstverantwortlich und ohne Ausreden?
Legen Sie ein konkretes Datum fest!

____

© Verlag an der Ruhr | So klappt's im Kita-Team | Autor: Heiko Hansen | ISBN 978-3-8346-2531-1 | www.verlagruhr.de

Stress, Druck, schwierige, unsichere Situationen Seite 1

1. Wie verhalten Sie sich unter Druck, in schwierigen Situationen bzw. in Konfliktsituationen?

___

___

___

Was denken Sie in diesen Situationen?

___

___

___

Wie reagieren Sie emotional in diesen Situationen? Mit

- ☐ Wut/Zorn/Ärger
- ☐ Ekel
- ☐ Angst
- ☐ Scham
- ☐ Neugierde/Überraschung
- ☐ Freude
- ☐ Trauer/Enttäuschung

Was spüren und fühlen Sie genau und in welcher Körperregion?

___

___

2. Was sind der genaue Grund und die Motivation, dass Sie sich immer genau so in schwierigen Situationen verhalten?

___

___

___

Wie würden Sie sich stattdessen gern verhalten?

___

___

3. Was müssten Sie detailliert in sich selbst verändern, welche anderen Schritte gehen, um das neue Verhalten stabil und wiederholbar zu leben?

___

___

___

© Verlag an der Ruhr | So klappt's im Kita-Team | Autor: Heiko Hansen | ISBN 978-3-8346-2531-1 | www.verlagruhr.de

Stress, Druck, schwierige, unsichere Situationen Seite 2

Welcher Glaubenssatz müsste sich dazu verändern? Jetzt die Glaubenssatzarbeit machen!
(→ *siehe Kapitel 5, Teamglaube*)

Was müssten Sie loslassen, damit sich die Drucksituation leichter anfühlt?

4. Mit welchen Ihrer Charakter- und Führungsstärken können Sie den Drucksituationen am besten begegnen?

Betrachten Sie nun jede benannte Stärke separat mit folgenden Fragen:

a) Wie verhält sich diese benannte Stärke konkret unter Druck, sodass Sie dem Stress standhalten können?
b) Was denkt diese Stärke in dieser Situation, um diese positiv zu bewältigen?
c) Woran glaubt diese Stärke? Wovon ist sie überzeugt?

Was gewinnen Sie, wenn Sie diese Stärke einsetzen?

5. Was gewinnt Ihr Team im Teamplay, wenn Sie das neue positive Verhalten in Drucksituationen stabil zeigen?

© Verlag an der Ruhr | So klappt's im Kita-Team | Autor: Heiko Hansen | ISBN 978-3-8346-2531-1 | www.verlagruhr.de

Neun Führungsqualitäten

In einem Kurzcheck erfahren Sie etwas über Ihre neun K-Führungsqualitäten. Umso höher die Punktzahl im Verhältnis zu 90, umso höher die Führungsqualitäten und man kann ein Stärke-/Schwäche-Profil bzw. ein Chancen-/Gefahren-Profil ersehen.

Man kann diesen Kurzcheck auch als Selbst- und Fremdbild einsetzen und sich Feedback vom Team und/oder von Vorgesetzten holen.

9K-Führungsqualitäten	**Einschätzung 1–10 Punkte**
K1 (Kommunikation): Wie effektiv ist Ihre Kommunikation und Ihr Infoaustausch mit Ihren Teammitgliedern?	
K2 (Konsequenz): Wie konsequent agieren Sie?	
K3 (Konstanz): Wie konstant und nachhaltig schätzen Sie Ihre Führungsarbeit ein?	
K4 (Konflikte klären): Wie schnell und effektiv klären Sie Konflikte und Krisen?	
K5 (Kompetenz): Wie kompetent schätzen Sie sich in Ihrer Führungsarbeit ein?	
K6 (Kreativität): Wie kreativ bzw. innovativ ist Ihr Führungsverhalten (Selbstverständnis/Identität)?	
K7 (Kongruenz): Wie kongruent und authentisch ist Ihr Führungsverhalten?	
K8 (Klarheit): Wie klar setzen Sie Ziele und Wege?	
K9 (Kooperation): Wie intensiv fördern Sie die Kooperation zwischen den Teammitgliedern untereinander und mit Ihnen?	
Gesamtpunktzahl von 90	

© Verlag an der Ruhr | So klappt's im Kita-Team | Autor: Heiko Hansen | ISBN 978-3-8346-2531-1 | www.verlagruhr.de

Fragen zur Selbstreflexion

Nehmen Sie sich einen Augenblick Zeit, um das Ergebnis der Aufgabe „Führung im Selbst- und Fremdbild" detailliert zu betrachten. Das gilt insbesondere für Bewertungen, die im Selbst- und Fremdbild mindestens 2 Punkte differieren, z. B. Sie schätzen sich bei willensstark mit 2 ein und Ihre Fremdbildergebnisse ergeben eine 4 – 5.
Zur Bewertung stehen Ihnen die Zahlen 1 bis 6 zur Verfügung. Sie entsprechen den deutschen Schulnoten. Oder Sie orientieren sich an den Kreuzen.

1. Was wird mir aus der Aufgabe „Führung im Selbst- und Fremdbild" bewusst?
Was lerne ich aus meiner Selbsteinschätzung?

2. Im Abgleich zwischen den Einschätzungen meiner beiden freiwillig Befragten und meiner Selbsteinschätzungen ergaben sich folgende Übereinstimmungen:

3. Im Abgleich ergaben sich folgende starke Unterschiede (von 2 Punkten):

4. Was lerne ich aus dem Abgleich?

5. Welche Empfehlungen geben mir die Befragten?

6. Brauche ich eine Fortbildung, um meine Führungsqualitäten zu verbessern?

☐ Ja ☐ Nein

7. Möchte ich weiter eine Führungsperson sein?

☐ Ja ☐ Nein

© Verlag an der Ruhr | So klappt's im Kita-Team | Autor: Heiko Hansen | ISBN 978-3-8346-2531-1 | www.verlagruhr.de

Meine Veränderungsziele

1. Das sind meine ersten Veränderungsziele zur Verbesserung meiner

a) Führungspersönlichkeit (Charakterfrage)

b) Führungskompetenz

2. Das sind meine ersten Schritte im ersten Jahr, um meine Veränderungsziele zu erreichen:

a) Führungspersönlichkeit

b) Führungskompetenz

Bitte nicht mehr als zwei Jahresziele formulieren und in der Umsetzung konkretisieren. Die Ziele sollten realistisch formuliert, aber trotzdem leicht ambitioniert sein, sodass Sie das Ziel (Persönlichkeit und soziale Führungskompetenz) erreichen und stabil zum Gewohnheitsverhalten trainieren.

© Verlag an der Ruhr | So klappt's im Kita-Team | Autor: Heiko Hansen | ISBN 978-3-8346-2531-1 | www.verlagruhr.de

Meine Unsicherheit und mein Glaubenssystem Seite 1

Die inneren Überzeugungen, ob man an sich glaubt und eine philosophische Ausrichtung hat, sind gerade für Führungspersonen von enormer Bedeutung. Die folgende Aufgabe ist ein Wegweiser zur Veränderung von Unsicherheiten, die sich auch aus inneren Glaubenssätzen (Werten) gekoppelt an Lebenserfahrungen ergeben. Gehen Sie die Aufgabe Punkt für Punkt durch.

1. Schildern Sie eine für Sie belastende Führungssituation genau, z. B.:
Worin fühlen Sie sich unsicher? Worum geht es detailliert?

____

____

____

____

____

____

2. Welcher Glaubenssatz steuert und stabilisiert diese Situation?
Sind es ggf. mehrere Glaubenssätze?

____

____

____

____

3. Von wem wurde der Glaubenssatz erlernt bzw. übernommen (Eltern, Erfahrung)?

____

____

____

4. Welche positiven Ziele und Absichten sind mit dem Glaubenssatz verbunden?
Was gewinnen Sie aus dem Glaubenssatz?

____

____

____

____

____

© Verlag an der Ruhr | So klappt's im Kita-Team | Autor: Heiko Hansen | ISBN 978-3-8346-2531-1 | www.verlagruhr.de

Meine Unsicherheit und mein Glaubenssystem Seite 2

5. Welche positiven Erfahrungen haben Sie mit dem Glaubenssatz gemacht, auch in Problem- und Konfliktsituationen? Welche Vorteile ergeben sich daraus?

____

____

____

____

6. Welche negativen Erfahrungen haben Sie mit dem Glaubenssatz gemacht? Was verhindert der Glaubenssatz bzw. blockiert er?

____

____

____

____

7. Was lässt Sie an der Richtigkeit des Glaubenssatzes zweifeln, wenn Sie die Folgen aus Frage 6 bedenken?

____

____

____

____

8. Wie lautet der veränderte bzw. neue Glaubenssatz, um Ihre Führungsarbeit effizienter zu machen? Woran müssten Sie wirksam glauben, um positiv zu agieren und zu überzeugen?

____

____

____

____

9. Welche Vorteile sind mit dem neuen Glaubenssatz verbunden, gerade in Problemsituationen? Welche neuen Erfahrungen werden möglich?

____

____

____

© Verlag an der Ruhr | So klappt's im Kita-Team | Autor: Heiko Hansen | ISBN 978-3-8346-2531-1 | www.verlagruhr.de

Meine Unsicherheit und mein Glaubenssystem Seite 3

10. Welche Werte und Überzeugungen sind mit dem Glaubenssatz verbunden?

____

____

____

11. Welche konkreten Regeln und Verhaltensweisen folgen aus dem neuen Glaubenssatz?

____

____

____

12. Welche Auswirkungen wird der neue Glaubenssatz auf die Kooperationen mit Ihrem Team haben? Welche Langzeiteffekte sind zu erwarten?

____

____

____

13. Sind Sie bereit, den neuen Glaubenssatz selbstverantwortlich umzusetzen?

☐ Ja ☐ Nein

Aufgabe: Erstellen Sie für Ihren neuen Glaubenssatz einen mentalen Film, wie der neue Glaube Ihr Führungsdasein positiv verändert und Neues ermöglicht. Fühlen Sie intensiv, wie gut es sich anfühlt und wo in Ihrem Körper es besonders zu spüren ist und sich von dort aus auf den ganzen Körper ausbauen mag. Hören Sie, wie sich der Glaubenssatz oder die neue Möglichkeit anhört.

14. Beantworten Sie die nachfolgenden Fragen jeweils auf einer Skala von 1 (niedrig) bis 10 (hoch).

Wie intensiv ist die Veränderung? ________

Wie gut konnten Sie den Mentalfilm visualisieren? ________

Wie intensiv ist das positive Gefühl? ________

Wie stark ist Ihr erster Glaube an die neue Option? ________

Wie hoch ist Ihre Motivation, diesen Glaubenssatz zu leben? ________

Fällt die Bewertung im Durchschnitt nicht höher als 7,5 aus, dann müssen Sie den Glaubenssatz überarbeiten. Zwischen 7,5 und 9,5 dürfen Sie den Glaubenssatz und den Mentalfilm in einzelnen Aspekten optimieren und genauer beschreiben.

© Verlag an der Ruhr | So klappt's im Kita-Team | Autor: Heiko Hansen | ISBN 978-3-8346-2531-1 | www.verlagruhr.de

Führungsvorbild Seite 1

Jeder von uns hat Menschen, die er für ihre unterschiedlichen Charaktereigenschaften, Denkweisen, Lebensphilosophien oder Erfolge bewundert. Dies können kleine und große Erfolge sein. Es können Stars oder Menschen aus Ihrem Umfeld sein. Vorbilder geben uns Orientierung. In vielen Punkten kann man von ihnen lernen, Strategien kopieren und für sich selbst übernehmen.

1. Mein Vorbild für meinen Führungsstil und meine Führungsphilosophie ist

____

____

2. Diese fünf Führungsstärken finde ich spannend:

Platz 1 ________________________________

Platz 2 ________________________________

Platz 3 ________________________________

Platz 4 ________________________________

Platz 5 ________________________________

Welche Stärke will ich erlernen und können?

____

____

____

Welche Stärken habe ich auch zumindest zu 75 %?

____

____

____

3. Fünf Charaktereigenschaften, die ich faszinierend finde:

Platz 1 ________________________________

Platz 2 ________________________________

Platz 3 ________________________________

Platz 4 ________________________________

Platz 5 ________________________________

© Verlag an der Ruhr | So klappt's im Kita-Team | Autor: Heiko Hansen | ISBN 978-3-8346-2531-1 | www.verlagruhr.de

Führungsvorbild Seite 2

Welche Eigenschaft hätte ich auch gern?

____

____

____

____

Was bedeutet diese Eigenschaft genau für meinen Führungsstil?

____

____

____

____

Was bin ich bereit zu tun, um mir diese Eigenschaft anzueignen?

____

____

____

____

© Verlag an der Ruhr | So klappt's im Kita-Team | Autor: Heiko Hansen | ISBN 978-3-8346-2531-1 | www.verlagruhr.de

Führungsbilanz

Gute Führungsarbeit bringt jedem Team einen Gewinn, schlechte Führungsarbeit entsprechende Verluste. Diese kann man in Zahlen beziffern, z. B. ist die Zahl der Krankentage bei den Mitarbeitern wesentlich höher, wenn die Führungsbilanz negativ ist. Und das kostet Geld, u. U. müssen Aushilfskräfte finanziert werden. Ziehen Sie nun Ihre Führungsbilanz.

Bei manchen Punkten müssen Sie schätzen. Eine Basis ist immer der Stundensatz Ihrer Mitarbeiter. Beispiel: Wie kann ich „Meine Motivationskünste" berechnen? Extrastunden für erfolgreiche Zusatzprojekte x Stundensatz; oder freiwillige Fortbildungen, ohne Zahlung durch den Arbeitgeber (Motiv des Mitarbeiters: Experte und gut sein); oder Literaturstudium. Es geht letztendlich nicht um die genaue Summe, aber um eine Bilanz der Motivationen durch Ihren Führungsstil.

Haben Was gewinne ich durch meinen Führungsstil?		**Soll** Welche Kosten entstehen durch meinen Führungsstil und Fehlentscheidungen?	
Gewinnverhalten	**Einnahme**	**Fehlverhalten**	**Kosten**
meine Motivationskünste		Fehltage Mitarbeiter (Tage x Stundensatz x Mitarbeiter)	
Vorbildverhalten		meine Fehltage	
Innovation		ungelöste Konflikte	
fachliche Förderung meiner Mitarbeiter		mein inkonsequentes Verhalten	
soziale Kompetenzförderung meiner Mitarbeiter		Fehlentscheidungen	
Nutzung von Stärken		Illoyalität und Schwächeorientierung	
die richtigen Mitarbeiter ausgesucht		die falschen Mitarbeiter ausgesucht	
meine Fitness und Kondition und die der Mitarbeiter		Überforderung, Burnout, private Probleme	

© Verlag an der Ruhr | So klappt's im Kita-Team | Autor: Heiko Hansen | ISBN 978-3-8346-2531-1 | www.verlagruhr.de

3 Charaktere prägen das Team

Persönlichkeiten prägen ein Team. Es gibt Charaktere, die sehr beeindrucken und etwas Faszinierendes, Einmaliges haben. Das Leben bietet viele Erlebnisse mit unterschiedlichen Charakteren. Mit einigen genießt man die Zeit, mit anderen scheint es keine Verbindungen zu geben. Manche Charaktere sind nur Teambesucher, andere verweilen sehr lange im Team und stabilisieren es. Es stellt sich schnell die Frage: Warum entwickeln sich Menschen so unterschiedlich?

Was prägt den Charakter?

Woher stammt das Wort „Charakter" und was bedeutet es genau? Es stammt aus dem Griechischen und bedeutet übersetzt „Prägung". Unter Charakter verstehen wir gewohnheitsmäßige Denk- und Verhaltensmuster. Diese entstehen durch Erziehungsmethoden, Erziehungsziele, Werte, Gefühle und Erlebnisse. Die Vielfalt ist Ausdruck des Überlebensprinzips. Entsprechend ermöglichen die jeweiligen Charaktere das tägliche Überleben. Grundsätzlich hat jeder alle neun Charaktermuster in sich, sie sind jedoch unterschiedlich ausgeprägt. Jeder Charakter ist auch ein „Experte" für das Überleben und hat dafür eigene Strategien entwickelt. Je nach Situation kann man sich entsprechend anpassen. Bei Misstrauen wird automatisch der Skeptiker und sein Repertoire nach vorn kommen, auch wenn man generell eher ein Macher ist.

Ebenso prägend für den Charakter sind der Verlauf und das Reizen von Konflikten. Auf welche Provokationen steigt man persönlich ein? Welche Steilvorlagen spielt der Konfliktpartner zu? Der jeweilige Charakter entscheidet maßgeblich darüber, wie man in einem Streit agiert und reagiert. Die Streitinhalte sind in diesem Sinne wenig entscheidend. In den gleichen Situationen reagiert jeder Mensch anders. Denn er nimmt die Situationen unterschiedlich wahr und bewertet ebenso die Inhalte unterschiedlich. Mit Zorn reagieren Perfektionisten sehr schnell auf Fehler, Helfer auf Ablehnung ihres Hilfsangebotes bzw. Undankbarkeit (sie fühlen sich ausgenutzt), Individualisten, wenn man ihnen sagt, sie seien nichts Besonderes und könnten nichts wirklich gut. Generell sind stark emotionalisiert vorgetragene Vorwürfe Steilvorlagen für einen Konflikt. Insbesondere, wenn sie den Kern und die Überzeugungen eines Charakters treffen.

→ GUT ZU WISSEN – WIE DER CHARAKTER ENTSTEHT

Die aktuellen Erkenntnisse der Neurobiologie geben diverse Hinweise auf die Wichtigkeit der ersten Lebensjahre. Schon im ersten Lebensjahr wird die Charakterprägung auf 50 % geschätzt, hinzu kommen genetische Faktoren. Ebenso spielen Emotionen und individuelle Wahrnehmungsstrukturen bei der Ausbildung von Verhaltensmustern eine entscheidende Rolle. Bereits in den ersten fünf Lebensjahren bilden sich ca. 90 % der stabilen Gefühlsreaktionen. Glaubenssätze und Familienwerte beeinflussen zeitlebens die individuellen Handlungs- und Denkstrategien. Somit wird der Kern des Charakters frühzeitig geprägt und verträgt höchstens kleine „Updates". Ein Mensch, der in der Erstreaktion zur Wut neigt, wird nicht so schnell mit Tränen reagieren. Auch wenn man sich im Lauf des Lebens weiterentwickelt: Die Neigung, in gewissen Situationen doch so zu reagieren, wie dies in den ersten fünf Lebensjahren trainiert bzw. antrainiert wurde, bleibt erhalten. Nur zu ca. 10 % wird es überhaupt noch zu größeren Veränderungen im Charakterkern kommen. Diese Veränderung müssen mit einem intensiven Trainings- und Willensprogramm erarbeitet werden. Diese Veränderungen sind am stärksten, wenn man sein Selbst (Erfahrungsgedächtnis) willentlich entwickelt und man es wirklich und leidenschaftlich will.

Im Limbischen System, dem sogenannten Emotionsgehirn, werden alle Erfahrungen, insbesondere die, die emotional tief berühren, mit den entsprechenden Emotionen, wie beispielsweise Angst, Wut, Freude, Enttäuschung etc. markiert („Das hat mich tief getroffen", „Das hat mich berührt", „Das war wirklich schön. Daran werde ich mich immer gern erinnern."). Das Limbische System nimmt Informationen zuerst mit den Sinnen auf. Es sortiert die Informationen für das Großhirn (Kortex) vor. Und es entscheidet auch vor, damit es schneller geht. Anschließend werden die Informationen und Strategien mit dem Frontalhirn, das u. a. zuständig für bewusste Entscheidungen und Bewertungen ist, koordiniert. Aber: In Krisensituationen behält das Limbische System die regelnde Oberhand. Dieses systemische Zusammenspiel verfügt somit auch über ein trainiertes Programm für Konflikte und darüber, wie man einen Streit auf persönliche Art und Weise führt.

Handlungsstrategien, die genetisch nicht als Programm (überlebenswichtige Instinkte) implantiert sind, müssen erlernt werden. Durch ständiges Wiederholen, Korrekturen und erfolgreiches Handeln automatisiert das Gehirn seine Programme. Gehirne sind in diesem Sinne nicht gleich. Die Prioritäten der jeweiligen Wahrnehmungen und Bewertungen sind unterschiedlich. Das entschleunigte Lernen hinterlässt auch beim Verlernen seine Spuren, d. h. man verlernt langsamer. Manchen Menschen dauern Veränderungen oft zu lang. Auch das Lerntempo ist von Mensch zu Mensch unterschiedlich. Manchmal verzweifelt man, weil es nicht klappt. Dann geht es auf einmal. Man hat den Bogen raus. Das zeigt deutlich: Das Gehirn lernt in Etappen – mehr oder weniger schnell. Zu frühes Erzwingen führt ins Leere. Die Lerninhalte müssen ineinandergreifen. Ungeduld ist kontraproduktiv, ebenso das Weitergeben von Erfahrungen. Learning by doing und Be-Greifen heißt das Naturrezept. Dieses Wissen kann sehr effektiv im Konfliktmanagement genutzt werden (Quelle: Hüther u. a.).

Emotionen und Konflikte

Emotionen sind nicht nur in Konflikten der Navigator. Emotionen, wie Freude, Trauer, Wut etc., sorgen für ausgeprägte Verhaltensmuster. Mit Emotionen kann man nonverbal miteinander kommunizieren, motivieren, begeistern und sich bewegen – im guten wie im schlechten Sinne. Emotionen sind allerdings im ersten Schritt des Erlebens nicht zu kontrollieren.

Der Kapitän ist das Limbische System, das unbewusst agiert. Ein hoffentlich vernünftiger Gedanke verbindet sich schnell mit dem Navigator. Jeder hat zur Orientierung seine ganz individuelle(n) innere(n) Charakter-Seekarte(n), die emotional gekoppelt ist/sind. Auf jeder Seekarte ist auch das Thema Konflikte abgebildet.

Konflikte sind ein Konglomerat aus bewerteten Erfahrungen, Überzeugungen und Emotionen. Die drei Faktoren können einen Konfliktprozess auch beruhigen, z.B. durch ein positives Selbstgespräch („Das kann man wirklich auch so sehen!", „Vielleicht hat sie da wirklich recht!?") oder durch Selbstberuhigung („Warum rege ich mich eigentlich so auf? Ich sollte ruhiger agieren und durchatmen."). Jede Konfliktbewertung liegt in den Augen und in den Bewertungen des Betrachters. Wenn der Konflikt nichts mehr wert ist, man die eigene Verhaltensweise nicht mehr akzeptabel findet, dann kann man aussteigen. Das gilt auch für Motivationen. Es ist also eine Frage des Betrachtens und der persönlichen mentalen Entscheidung. Kennen nicht alle das berühmte Bauchgefühl? Oder Leidenschaften, die das Herz höher schlagen lassen?
Jede Emotion hat ihren Sinn, ihren Nutzen und ihre Aufgabe. Weltweit wird in allen Kulturen, nach einem international anerkannten Forschungsergebnis von Prof. Ekman, eine gemeinsame Emotionssprache gesprochen. Sechs bzw. sieben Emotionen werden von allen Menschen gleich interpretiert: Freude, Trauer, Wut, Angst/Überraschung, Scham und Ekel. Die begleitende Körpersprache, Mimik und Stimmlage können mühelos interpretiert werden. Sie sollen signalisieren, wie es dem jeweiligen Menschen geht, was er ausdrücken will und was er braucht.

→ GUT ZU WISSEN

Konflikte sind „versteckte Wünsche", d.h. nicht artikulierte oder missverstandene Bedürfnisse. Jeder Konflikt ist in diesem Sinn eine Mangelsituation. Diese muss ihren Ursprung nicht im aktuellen Konflikt haben, sondern kann weit zurückliegen. Die Fragen lauten: „Woran mangelt es (am meisten) in meinem aktuellen Konflikt? Was waren die Mangelpunkte im letzten Streit? Woran erinnert mich der Mangel? Wann habe ich ihn das erste Mal erlebt?"

Wenn man die **Sprache der Emotionen** beherrscht, dann kommt man dem eigentlichen Motiv des Konflikts schnell sehr nahe. Geschickte Fragetechniken lassen manch nebulös Erscheinendes aufklaren.

Neben den berühmten W-Fragen ist der Zusatz „genau" ein wahres Juwel. „Was genau ...?" führt direkt dazu, dass der Befragte tiefer und detaillierter nach der Richtigkeit der Antwort suchen muss und wird. Ob der Befragte alles Gedachte verbalisiert, bleibt offen. Daher bietet sich im zweiten Schritt folgende Strategie an: Die gehörte Aussage wird sofort hinterfragt. Voraussetzung ist, dass man aktiv zuhört und auf die Wörter achtet. Das gilt auch für Nebensätze bzw. scheinbar Unwichtiges. Ebenso sollte auf die Mimik, Emotion und Körpersprache geachtet werden, die sofort nach der Fragestellung gezeigt wird. Ergeben sich Widersprüche zwischen Aussage und Erstreaktion, ist es eine Einladung, die Befragung fortzusetzen. Man sollte die Neugierde steigern. Um nicht auf die falsche Bahn zu geraten, sollte man als Befrager seine Interpretationsfreude reduzieren und auf zu schnelle Beurteilungen verzichten. Es ist geschickter, sich wie Inspector Columbo Zeit für die Analyse zu nehmen und den Befragten in die Analyse des Gesagten einzuladen, z. B. „Ich habe noch nicht richtig verstanden, warum du genau das möchtest. Welche Aspekte (Motive) könnten noch eine Rolle spielen?" oder „Wie erklärst du dir das genau?"

Gute Wegweiser zu den Motiven sind Emotionen. Jede Emotion hat eine bestimmte Aufgabe und Rolle.

Freude

Freude erleichtert soziale Bindungen. Es bindet sich, was sich sympathisch findet. Ein Lächeln öffnet die Herzen. So bekommt man Hilfe, sie stabilisiert Kontakte und Freundschaften, bringt Menschen im Team zusammen, das Gefühl einer Einheit entsteht. Zwischen Freude und Freunde liegt nur ein Buchstabe. Freudezeigen ist ansteckend, empathisch und hat eine friedliche, entspannende, gesundende Wirkung. In der Konfliktlösung wie im Team entsteht Freude bei einer Win-win-Vereinbarung. Freude zeigt auch die Güte und die Qualität der Haltbarkeit von Bindungen an. Freude zeigt uns mimisch an (wie auch als „emotionaler Marker, siehe Damaiso), was uns wirklich begeistert und wofür wir motivational eine Leidenschaft entwickeln. Freude ist immer für etwas. Freude ist eine sehr schnelle Emotion. Sie verschwindet auch schnell.

Trauer

Trauer zeigt, dass etwas nicht in Ordnung ist. Man wurde enttäuscht oder hat etwas verloren, z. B. einen geliebten Menschen, oder hat an Vertrauen eingebüßt. Trauer ist eine verlangsamende Emotion. Sie reduziert die Geschwindigkeit, um nach-

zudenken und den Verlust intensiv verarbeiten zu können. Trauer führt bei Enttäuschungen oder Verlusten zu genauerem Hinsehen.

Wut

Wut mobilisiert Kräfte, um auf notwendige Veränderungen in der Handlungsqualität hinzuweisen oder gewollte Handlungen durchzuführen. Diese Emotion wird benötigt, um mutig zu agieren oder um deutlich auf Fehlentwicklungen hinzuweisen. Unzufriedenheit wird durch Wut angezeigt. Etwas Bestimmtes muss sich verändern. Wiederholen sich die negativen Erfahrungen, dann steigert sich sukzessive die Wut. Sie ist eine schnelle Emotion. Die Körpersprache zeigt sich stark aufbauend und nach vorn gerichtet, ebenso die Lippenstellung (Entschlossenheit).

Ekel

Das Ekelgefühl ist ein archaischer Schlüsselreiz und ein Hinweisgeber auf Unsauberkeit, etwas Ungesundes, wie schlechtes, verdorbenes Essen, oder schlechte Entscheidungen und Angebote. Das Stänkern und Streiten wird mit „ekeligen“ Worten und Beleidigungen begleitet, die im lauten Ton nur so um die Ohren fliegen: „Tja, jetzt steckst du in der Scheiße!“, oder was immer die Kreativität zulässt …

Konflikte kann man riechen. Jeder weiß, wie es ist, wenn man in einen Raum geht, wo gerade miteinander gestritten wurde („dicke Luft“ oder „Da wurde die Luft schnell dünn.“).

Ekelreaktionen kann man intensiv bei Entscheidungsprozessen sehen. Wenn der Chef beim Urlaubsantrag mit der Nase rümpft, dann ist er garantiert nicht hocherfreut über das Begehren. Ebenso, wenn jemand die Nase rümpft, wenn man eine Aussage trifft. Ein klarer Hinweis, dass dieser Aspekt dem anderen nicht wirklich schmeckt. Ekel ist eine schnelle Emotion, die eine Verlangsamung bzw. ein Stoppen der geplanten Handlung bewirken soll.

Scham

Scham verstärkt sozial erwünschtes Verhalten und reduziert den Mut. Sie lässt einen Mangel (Gewissen) empfinden, weil man etwas tun wollte oder getan hat, was nicht den Regeln entspricht. Die Regelinhalte müssen vorher festgelegt, anerkannt und trainiert sein. Zugleich motiviert Scham zur Kompetenzerweiterung und zum Perfektionismus im jeweiligen Wertesystem. Fehler empfinden viele als peinlich. Scham ist eine das Verhalten verlangsamende bzw. stoppende Emotion. Sie unterstützt die Selbstdisziplin.

Scham steigert ggf. den Konflikt, indem der Fehler auf andere projiziert wird – auch, um zunächst von sich abzulenken. In Kombination mit „heiligem Zorn" festigt Scham fundamentalistische Strategien und Gedanken, wie z. B. in Religionen oder bei Erziehungsmethoden.

Scham schützt u. a. vor Überinterpretationen („Nur keinen Fehler in der Analyse machen. Das wäre mir peinlich."). Sie ist zudem ein Regulator für das Eingehen auf Lernangebote. Man sucht sich das Passende heraus. Scham steigert in der Regel die Leistungsbereitschaft und die Präzision: „Je besser ich etwas kann, umso mehr kann ich gewinnen und muss mich nicht schämen bzw. stehe dumm da. Da bereite ich mich besser noch präziser vor und trainiere mehr." Wenn man zu viel Scham hat und zu schüchtern ist, kann es das Lernen auch verhindern. Man traut sich zu wenig zu, weil man die Peinlichkeit schon vorher spürt. Obwohl man es gedanklich gern ausprobieren würde, verhindert Scham die Aktion. „Ach nee, lieber doch, sonst sieht es komisch aus." Interessant ist auch die Aussage: „Sonst stehe ich nackt da."

Angst/Überraschung

Angst lässt Gefahrensituationen erahnen/spüren, erkennen und darauf reagieren. Neugierde und Angst stehen offensichtlich dicht beieinander. Ekman konnte nachweisen, dass Angst und Überraschung/Neugierde sich mimisch sehr ähnlich zeigen, d. h. folglich auch, beide agieren miteinander bei Gefahren und bei Situationen, in denen Spontaneität gefragt ist. „Augen auf im Straßenverkehr!": D. h. agiere vorsichtig, aber sei aufmerksam auf das Neue (die nächste Situation). Neugierde sagt in Gefahren: „ Was habe ich da im Busch rascheln hören? Hm, mal sehen, was das ist!" Der Ängstliche würde sagen: „Hm, besser schnell weg, bevor es gefährlich wird!" Daher, Vorsicht Wort: OffenSichtlIch. Und in Sicht ist das Ich auch enthalten.

Setzt man sich intensiv damit auseinander, was einen Menschen ängstigt, kann die Angst sukzessive durch eine neue (emotionale) Einstellung, eine andere Betrachtungsweise oder einen neuen Versuch schwinden. Neugierde ermöglicht neue Versuche („Es geht auch noch anders."), Neugierde denkt in Optionen, Angst eher weniger. Sie reduziert das Verhalten auf Automatismen bzw. zieht eine Erstarrung nach sich.

Überraschung zeigt sich als Reaktion auf etwas Unerwartetes oder möglicherweise Gefährliches eine sehr ähnliche Mimik wie Neugierde. Angst kann eine Verlangsamung, auch Erstarrung, oder eine Beschleunigung hervorrufen. Das hängt von den Erfahrungen und der Zweitemotion in dieser Situation ab, d. h. welche zweite Emotion unterstützt die oder kooperiert mit der zuerst gezeigten Emotion. Was kommt nach Angst? Die Neugierde, die Wut, die Freude (Erleichterung), die Trauer (Enttäuschung), die Scham, der Ekel (die Ablehnung)? Und von der gewählten unbewussten Strategie, wie man der aktuellen Gefahr entgehen will. Dies gilt auch für Neugierde. Sie kann dazu führen, genauer und exakter hinzusehen oder Handlungsmotivation beschleunigen.

Motivationen und Standpunkte

In jedem Konflikt sind *Motiv*ationen (Interesse und Gründe) und *Stand*punkte (Position) steuernd. Eigene Motive regulieren und stabilisieren eigene Überzeugungen, eigene Werte und eigene Glaubenssätze. Oft sind diese Motive der wahre, unbewusste Grund des Handelns. Sie geben einen Standpunkt im Leben und damit eine Orientierung darüber, was richtig und was falsch ist. Das gilt ebenso im Konflikt.

Inwieweit tragen Motive zur Charakterbildung und zum Konflikt bei? Alle Charaktere bilden sich universell aus **drei grundlegenden Motivationsstrategien:**

- Beziehungs- oder Anschlussmotivation (Herz) steuert die Leidenschaft und die sozialen Aktionen/Sympathie dabei, zu etwas Ja zu sagen.
- Dominanz- oder Machtmotivation (Bauch) ermutigt in Richtung Nützlichkeit der Handlung. So bleibt man handlungsaktiv, man verringert die Handlungsbereitschaft oder man sagt Nein und führt die Handlung nicht aus.
- Erkenntnis- oder Leistungsmotivation (Kopf) hilft zu entscheiden, was sinnvoll und vernünftig ist, oder zu etwas abwägend „Vielleicht" zu sagen.

Mehr zu den Motivationsstrategien finden Sie im Folgenden und auch in der Tabelle im Anhang.

Die Beziehungsmotivation scheint die wichtigste der Strategien zu sein: Nicht nur, dass kleine neue Erdenbürger durch Beziehung gezeugt werden; es wurde erforscht, dass kleine Babys trotz materieller Essensgabe, aber bei strikt fehlender Beziehungszuwendung und Kommunikation, sterben können. Sympathie, Zuwendung und positive Gefühle sind das Lebenselixier. Auch Erwachsene können an Einsamkeit sterben. Es reicht bereits das Gefühl zu haben, allein zu sein.

Die Beziehungsmotivation

steht für die Überlebensstrategie **Gruppenanschluss durch Anpassung.** Die Anpassung beinhaltet auch Leidenschaft, Liebe, Zufriedenheit und Familie wie Freunde, auf die man sich verlassen kann. Passungsinhalte werden kulturell vorgegeben und miteinander verbunden, u. a. durch die soziale Gruppe, die Familie, den Freundeskreis, das Unternehmen. Es entsteht ein Bündnis des Vertrauens und ebenfalls eine emotionale Verbindung (Anerkennung, Respekt, Wertschätzung). Wer sich anpassen kann, darf in der Gruppe bleiben und wird nicht zum Außenseiter. Wer der Gruppe und ihren kulturellen Regeln und Ansätzen folgt, wird durch die Gruppe geschützt.

- Überleben durch Selbstvertrauen
- Emotionen: Freude und Trauer
- Zeitaspekt: im Rhythmus der Flexibilität, wie ein Herz im Hier und Jetzt schlägt
- Strategie: An-Erkennung und An-Passung
- Erziehung: Wertschätzung, sich unterstützen und sich vertrauen, miteinander reden, sich trösten, durch die Gruppe
- Raumgefühl: Nähe
- Lernmethode: Sinne und Berührung, Kommunikation, soziale Kontakte

- Motivation: Leidenschaft
- Familie, Gruppe, Freunde, sich ergänzen mit individuellen Stärken und Fähigkeiten
- SQ: Sozialer Quotient
- stärker dem Unbewussten zugeordnet; Liebe ist autark und wird nicht bewusst herbeigeführt

Beziehungsmotivation
Basis: Selbstvertrauen – Zeitbezug: Gegenwart

Wahrnehmung	Sympathie, Fühlen, Kontakte, Helfen
Selbst	Freundlichkeit, Optimismus, Leidenschaft
Verhalten (Konflikt)	Harmonie – „War ich das?“
Emotionen	Freude/Trauer
Schutz	Weinen/Gefühle, harmonisieren, unklar
Bedürfnisse	Bewegung: Familie/Gruppe, Anerkennung, Miteinander, keine schnelle Ablehnung
Entscheidungen	ja
Zeit	hier und jetzt, rhythmisch

Die Dominanzmotivation

Dominanz bzw. Macht steht für die Überlebensstrategie **Stärke.** Das Dominanzmotiv sucht den Nutzen und richtet seine Handlungen und sein Können darauf aus. Es will handeln, etwas können und trainiert dafür notwendige Fähigkeiten. Überleben heißt, sich besser als andere durchsetzen zu können, u. a. durch Kraft, durch Handlungssicherheit und durch innere Stärken. Man überlebt durch gute Ernährung sowie durch gute Fortbildungen und Sich-Trainieren. Dominanzmotivierte müssen vor allem auf ihren Körper achten, sonst verlieren sie ihre Stärke, ihre Durchsetzungskraft. Wer durchhalten kann, kann standhalten und sich durchbeißen. Wer kämpfen kann, kann auch die Gruppe beschützen. Dazu muss man über gute, innovative, effektive Waffen verfügen und wissen, wie man sie im entscheidenden Moment einsetzen muss.

- Überleben durch Selbstsicherheit
- Emotionen: Wut und Ekel
- Zeitaspekt: Schnelligkeit
- Strategie: Handeln statt Starre
- Erziehung: aus der Stärke heraus agieren und sich durchsetzen
- Raumgefühl: Nähe (Herz)/Distanz (Kopf)
- Lernmethode: Training (automatisieren)
- Motivation: Stärke/Machen/Handlung
- Situationen und Territorien besetzen und kontrollieren
- für Volk/Familie gut sorgen und verteidigen können
- EQ: Emotionaler Quotient
- stärker dem Unbewussten zugeordnet

Dominanzmotivation
Basis: Selbstsicherheit – Zeitbezug: Zukunft

Wahrnehmung	Stärke, Handeln, Wollen, der Wille
Selbst	stark und autark
Verhalten (Konflikt)	Kampf – „Das ist so!“ (Du)
Emotionen	Wut/Ekel
Schutz	Dominanz, Aggression, Sturheit
Bedürfnisse	Spiel: Herausforderung, Autonomie, Macht, intuitives Handeln, Ich-Gefühl, Praxis
Entscheidungen	nein
Zeit	schnell

Ist eine der Basismotivationen über- oder unterdimensioniert, können Beschwerden wie z. B. Kopfschmerzen auftreten, die auf das unbewusste Problem hinweisen.

Die Erkenntnismotivation

Die Erkenntnismotivation/Leistungsmotivation steht für die Überlebensstrategien **Vernunft und Bewusstsein.** Es überlebt, wer Erfahrungen reflektieren kann, wer Erkenntnisse durch Klugheit, Klarheit, Orientierung und Wissen (Neugierde) und Weisheit erlernt und strukturiert. Leistung ist immer kombiniert mit Erkenntnissen und bewussten Zielen („Da will ich hin, das will ich erreichen, das muss ich dafür noch lernen.").

- Überleben durch Selbstbewusstsein
- Emotionen: Angst/Neugierde und Scham
- Zeitaspekt: langsam, wartend, geduldig (in Ruhe studieren)
- Strategie: Wissen (Erkenntnisse) ist Macht
- Erziehung: Lernen und Neugierde wecken, die Welt erforschen und verstehen
- Raumgefühl: Distanz; Nähe bei Interesse
- Lernmethode: Hinterfragen, Analyse und Neugierde
- Motivation: Denken, ausgeklügelte Strategie
- Erfahrungen abspeichern bzw. daraus lernen
- In der Natur überlebt vor allem der Schlaue, nicht der körperlich Starke
- Wer hat die beste Antwort auf eine Fragestellung?
- IQ: Intelligenzquotient
- stärker dem Bewussten zugeordnet

Erkenntnismotivation
Basis: Selbstbewusstsein –
Zeitbezug: Vergangenheit

Wahrnehmung	Beobachten: Wissen und Verstehen
Selbst	Vernunft: kluges Re-agieren
Verhalten (Konflikt)	Flucht – „Das ist so … oder so?"
Emotionen	Angst – Neugierde/Scham
Schutz	Schweigen, Gefühlskälte, Distanz
Bedürfnisse	Wahrnehmen/Leistung: Sicherheit, Orientierung, Analysen, sachliche Kommunikation
Entscheidungen	vielleicht (abwägend)
Zeit	langsam, bedächtig

Die drei Motivationen finden sich in allen menschlichen Lebensbereichen wieder: Beruf, Familie, Sport, Freundschaften, Kinofilme, Urlaubsorte, Interessen (Hobbys) etc. Sie sind zugleich auch die Streitmotive bezüglich individueller Bedürfnisse, Ziele, Identitäten und Überzeugungen. In jedem Konflikt wird zumindest eine Motivationslinie negativ berührt und kritisiert.

Ist zumindest eine der drei Basismotivationen schlecht oder zu überdimensioniert trainiert, folgen unbewusst Bestrebungen, kritische Situationen herzustellen, die auf das wirkliche Problem aufmerksam machen sollen. Dazu werden insbesondere Körpergefühle indiziert, z. B. das berühmte intuitive Bauchgefühl oder Herz-, Bauch- und Kopfschmerzen. Bei häufigem Auftreten führt dies zu Konflikten, die sich wiederholen, bis die wirkliche Ursache (Motiv) gefunden wurde. Denkt man an die Erfahrungsmuster, die im Gehirn stabil angelegt werden, ist das Fatale, dass, je intensiver die Ersterfahrung emotional geprägt ist, sie umso häufiger in Konflikten unbewusst herangezogen wird. Darum stellen z. B. Menschen mit Misstrauenserlebnissen immer wieder Testsituationen her. Der Partner muss diese unbewusste Testung immer wieder neu bestehen. Deutlich erkennbar ist dies bei Eifersucht. Das Gehirn wartet förmlich darauf, dass sich die Situation wiederholt, Muster und Details werden dafür gescannt, bis man das passende Puzzleteil gefunden hat. Das Gehirn will immer Recht haben und seine Vorurteile bestätigen, bis man ihm das Gegenteil beweist. Das führt im günstigsten Fall zu einer Beruhigung und Neubewertung. Damit besteht die Chance, neu zu handeln. Das ist das wahre Feld von Konfliktmanagement.

Die menschliche Wahrnehmungsfähigkeit ist im Vergleich zur Tierwelt sehr schlecht entwickelt. Das Bewusstsein ist energetisch schnell am Ende. Stellen sich in einer inhaltlichen Darstellung Erinnerungslücken ein, werden diese mit der Füllstrategie repariert („So müsste es gewesen sein, ich weiß es aber nicht wirklich“). Das führt zu extremen Ungenauigkeiten in der Konfliktanalyse. Das Unbewusste nutzt diese Strategie der kleinen kreativen Notlüge, um recht zu behalten. Emotionen helfen dabei, an den Füllinhalt zu glauben. Der Vorteil: Konflikte werden wie ein Überlebenskampf interpretiert. Es ist besser, an etwas zu glauben, um zu gewinnen, als die Lücke zuzugeben und zu unterliegen bzw. in eine defensive Position zu geraten.

Das Bewusstsein ist schnell am Ende seiner Kräfte.
Kein Wunder, dass schnell auf eingeübte Verhaltensmuster zurückgegriffen wird.

4 Die Chemie der neun Teamcharaktere

„Die Chemie muss stimmen." Eine Lebensweisheit, die in vielen Teams, Familien und Partnerschaften als Bedingung gilt. Gibt es tatsächlich eine Formel für eine positive chemische Charakterzusammensetzung? Wer passt zusammen und wo gibt es eine explosive Mischung? Welche Erziehungsfaktoren prägen den Charakter eines Menschen von Geburt an – unabhängig von der genetischen Ausstattung? Was zeichnet starke Charaktere in einem Team aus? Und was bewirken sie? Welche Persönlichkeiten erleben wir als faszinierend? Wie wichtig ist die Bewältigung von Krisen für die Charakterbildung?

Wenn man sich über die eigenen Charaktereigenschaften und Handlungsweisen bewusst ist, ist es erheblich leichter, die Teamformel zu finden. Sind die aller Teammitglieder bekannt, weiß man, was man zu erwarten hat. Dazu gehört allerdings auch, dass man die Teamziele und die Teamregeln in einem Teamvertrag definiert hat. Welches pädagogische Konzept wird verfolgt? Welche Charaktere mit welchen emotionalen, sozialen und fachlichen Qualitäten werden für eine erfolgreiche Konzeptumsetzung benötigt? Wie muss eine Führungsperson sein?

3 x 3 = 9
3 Motivationen x 3 Regulatoren = 9 Charaktere

Das Leben beschert einem seit frühester Kindheit immer wieder Situationen, in denen man sich beweisen muss. Im positiven Sinn wird man von den Eltern, der Familie und von Herausforderungen ausgebildet und trainiert. Auch Krisen trainieren den Charakter („Man lernt nie aus.", „Erfahrungen machen klug."). Man muss lernen, welche Aktionsprogramme im Leben mit welchen Strategien am erfolgreichsten sind. Jede neue Erfahrung beeinflusst das Selbstkonzept und die Selbstwirksamkeit. Das Leben feilt sozusagen den Charakter.

Primär sind von Beginn an Eltern für den Erziehungsprozess und dessen Inhalte verantwortlich. Sie schaffen ein Lernklima und ein Repertoire an prägenden Förderprogrammen. Die drei Basismotivationen Beziehung, Dominanz und Erkenntnis sind genetisch bedingt. Nun kommen drei elementare didaktische Ansätze der Eltern hinzu, um das Verhalten und die Erfahrungsmotive zu steuern. Die drei Regulatoren sind:

- Reformieren
- Blockieren
- Überentwickeln

Es sind zugleich drei bewährte Führungsstrategien. Man kann Mitarbeiter fortbilden und damit re-form-ieren, ein Stoppschild setzen (blockieren) oder Stärken enorm stärken (überentwickeln). Jedes Basismotiv kombiniert sich mit einem Regulator: 3 Motive x 3 Regulatoren ergeben 9 Charaktere.

Hierbei gibt es auch Fehlentwicklungen, sozusagen verfehlte Trainingsmethoden, z. B. wenn Eltern so ängstlich sind, dass sie ihrem Kind nichts zutrauen und es immer nett und still sein muss. Das ist ein Teil der Kindheitsgeschichte eines friedliebenden Charakters. Die Dominanzmotivation wurde durch den zu stark angewandten Regulator „Blockieren" buchstäblich deaktiviert. Das Verhalten wird sehr passiv. Entsteht für das Kind eine Notfallsituation, muss es hierin einen Weg finden.

Der Regulierungsprozess funktioniert auch positiv, z. B. kann eine blockierende Regulation eine Überentwicklung verhindern. Ein weiteres Beispiel aus der Dominanzmotivation: Fordert ein Elternteil zu viel Stärke ein und man darf als Kind keine Schwächen zeigen, dann ist eine passivere Gegenregulation hilfreich und nimmt enormen Druck vom Kind. Ist das Beziehungs- und Lernklima positiv gewesen, d. h. konnten Kinder sich ausprobieren, Erfahrungen sammeln, ihre Stärken durch sinnvolle Wiederholungen trainieren, ihre Potenziale entfalten, ihre Welt entdecken, wurden sie gelobt, bekamen sie Anerkennung, Respekt und eine balancierte Aufmerksamkeit, dann stärkten die Kinder ihr Selbstwertgefühl.

Der Erziehungsstil der Eltern prägt entscheidend die Entwicklung des Charakters.

Das Prinzip funktioniert auch im beruflichen Teamalltag. Man muss nur Eltern mit dem Begriff Führungsperson und Kind mit Mitarbeiter austauschen. Und man kann den Begriff „Regulator" durch Erziehungsstil oder Führungsstil auswechseln. Der gleiche Prozess, nur ein anderes Zeitalter und ein anderer Kontext. Aus dieser Kombination entwickeln sich neun unterschiedliche Charaktere mit differenten Überlebens-, Denk- und Verhaltensaktionen und Emotionen.

Die drei Regulatoren in der Übersicht

Reformieren

- Recht haben, Grenzsetzungen und Vorgaben: „Ich weiß es besser als du!" oder „So etwas macht man nicht!"
- Kontrolle und Verbote, z. T. mit rigidem, egozentrischem Agieren
- Grenzen setzen: bis hierhin und nicht weiter
- „Du sollst" – und „Du musst"-Kontrolle
- der erhobene Zeigefinger als moralisches Symbol für Reformen
- Man musste Rücksicht nehmen, z. B. auf eine starke Erkrankung oder Handicap eines Familienmitgliedes.
- moralische Bewertungen und Kommentare, z. B. „Was könnten die Nachbarn sonst von uns denken?!"
- Eltern und die Umwelt gaben den Weg und das Ziel vor: „Du musst es so machen."
- dramatische und direkte Korrekturen: „Hier kannst du nicht bleiben und wir wissen, was für dich gut ist, z. B. eine Pflegefamilie."

Selbst- und Fremdbestimmung

Die Basismotivation wird korrigiert durch Eltern, Umwelt, Krankheiten von Familienmitgliedern, Institutionen wie z. B. Jugendamt, Kirche, Schule, Kita.

In der Beziehung (der Individualist) gab es Trennungssituationen, auch durch Tod oder Pflegefamilie, die Einheit der Familie war gefährdet oder gebrochen.

Die Dominanz (der Perfektionist) wird durch Vernunft in Richtung Selbstverantwortung gesteuert.

Die Erkenntnis (der Optimist) konnte ihre Neugierde nicht beweglich ausleben. Man musste nett sein und auf andere Rücksicht nehmen. Das Leben ist Schmerz und Langeweile. Da ist es gut, optimistisch zu bleiben.

Man interessiert sich für das Funktionieren und für nachhaltige Folgsamkeit.

Ein Reform-Beispiel

Die Beziehungsmotivation (Familie) konnte nicht erfüllt werden und wurde durch eine Erkenntnismotivation („Hier kannst du nicht bleiben ...") gesteuert. So wird die Beziehungsmotivation nicht vertrauensvoll entwickelt und wird durch eine Erkenntnismotivation (Orientierung/Sicherheit) „erdacht/bedacht" und gelenkt. Die Folgen können sein: mangelnde Identifikation und Identitätsbildung sowie Bindungsschwierigkeiten („Ich will frei und was Besonderes sein."). Das ist eine typische Familiengeschichte von Individualisten (Typ 1).

Blockieren

- Abwertungen, wie „Du kannst es nicht!", „Du bist zu allem zu ..."
- Abblocken durch Desinteresse und Nichtförderung
- Schweigen
- Passivität
- lügen und täuschen, Gerüchte streuen und verführen
- fehlende Verantwortungen; Eltern übernehmen ihre Verantwortung nicht, u. a. durch Suchtabhängigkeiten, Krankheiten, Lebensunlust.
- Trägheit in Entscheidungen; das Kind erlebt wenig neue Erfahrungen oder die Neugierde wird nicht gefördert.
- Nichtanerkennung, wenig Wertschätzung für das Kind
- „Störe uns nicht!"

Versagens- und Vertrauensängste

Die Basismotivation wird blockiert.

Die Beziehung erfährt nur durch Erfolg Wertschätzung (der Macher).

Aus nach Aktivität suchender Dominanz wird Passivität (der Friedliebende).

Die Erkenntnis wird durch Zweifel und Skepsis negativ orientiert (der Skeptiker).

Kann ich mir und anderen vertrauen? Traue ich mir etwas zu? Darf ich auch nur so geliebt werden? Was ist, wenn ich versage? Bekomme ich Hilfe, wenn es mal nicht funktioniert?

Ein Blockade-Beispiel

Die Beziehungsmotivation konnte in der Familie nicht liebevoll gelebt werden und wurde durch eine Dominanzmotivation (produziere, male etwas Wertvolles und kein Krickel-Krakel-Bild) gesteuert. Hier kann die Beziehungsmotivation per se nicht zugelassen werden. Eltern sind vom Erfolg und nicht von Liebe als Überlebensprinzip überzeugt. Die Beziehung muss durch wertvolle Vorgaben erarbeitet werden. U. U. müssen Täuschungen und kleine Hilfsmittel helfen. Genüge ich dem, dann steigt mein Status in der Familie. Diese Kinder sind auch als Erwachsene davon getrieben, durch Leistung, Harmonie und Sympathie Anerkennung zu bekommen. Das kommt in Konflikten auch zum Ausdruck durch Lügen oder Leistungsbetonungen („Was hast du schon geleistet!").

Überentwickeln

- übertriebene und einseitige Ausrichtung: „Du musst immer", „Allzeit bereit!", „Deine Pflicht!"
- kein Zulassen eigener Bedürfnisse: Ich muss – Du musst.
- Konzentration auf das Eine, das Wesentliche
- Beleidigungen, „Trashtalk", laut werden (brüllen), umgarnen oder intensives, nachhaltiges Schweigen
- Bestechungen, massive Drohungen, den Raum beherrschen, sich körperlich aufbauen, beherrschen: den Menschen, die Aktionen und das Denken
- Kampfplätze schaffen, u. a. durch Provokationen

Macht und Kontrolle

Die Basismotivation wird überbetont.

Die Person muss nett und für andere da sein. Eigene Bedürfnisse werden zurückgestellt (der Helfer). Es gibt regelrechte Helfer-Familien, besonders in sozialen Organisationen.

Die Dominanz muss immer stark sein – keine Schwächen zeigen (der Kämpfer). Vaterfigur: „Junge, setz dich durch!"

In der Erkenntnis gelten Vernunft und Wissen alles. Wissen ist Macht! (Der Beobachter) Er wurde durch eine zu gluckenhafte Mutter emotional beherrscht.

Die jeweilige Motivlinie wurde beherrscht und kontrolliert. Das Kind folgt dieser oder entzieht sich ihr.

Ein Überentwicklung-Beispiel

In der Beziehungsmotivation wurden die zentralen Elemente dieser Motivlinie überbetont: „Sei für andere da. Wenn du anderen hilfst, dann bist du ein guter Mensch. Stelle deine Bedürfnisse zurück."

Das hat nicht immer nur gute Folgen: „Ich wollte dir ja nur helfen! – Ja, aber nicht dauernd! – Du bist undankbar."

Die Bedürfnisse werden auf das scheinbar Beste und Wesentliche fokussiert und am liebsten nur das soll gelebt und erlaubt sein – aus voller Überzeugung.

Die neun Charaktere im Überblick

Die eben genannten Strategien werden in der Führung, im Teamplay und in Konflikten genutzt und emotional, nützlich und sinnvoll eingesetzt. Kombiniert mit Glaubenssätzen und Überzeugungen erhalten die Charaktere Ihre Stabilität und Orientierung.

Alle neun Charaktermuster sind mehr oder weniger in jedem Menschen ausgeprägt. Jeder der neun Charaktere ist Experte in seiner Art. Sie agieren auch als Gegenspieler und streiten sich auf ihre Weise untereinander. Keiner ist besser oder schlechter, nur anders. Jeder Charakter hat seine Sonnen- und Schattenseiten und ist leidenschaftlich, nützlich und sinnvoll für das Überleben, z. B. ist es im Sinne eines Individualisten wichtig, seine Identität mit der Frage zu balancieren: Wer bin ich? Im Sinne eines Kämpfers (Boss) ist es wichtig, zu kämpfen, sich zu wehren und sich durchsetzen zu können. Im Sinne eines Skeptikers ist es wichtig zu wissen, wem und auf welcher Basis er Mitmenschen vertrauen kann usw. Der Hauptcharakter ist zur „normalen" Gewohnheit geworden. „Ich kann eben nicht aus meiner Haut", sagt man. Oder: „So bin ich!"

Jedes der neun Charaktermuster ist für sich einzigartig. Man kann es auch an den verwendeten Wörtern hören und gezeigten Gefühlen spüren. Skeptiker verwenden und beginnen Sätze gern mit „Ja, aber ..."
Setzt man die neun Charaktere miteinander in Verbindung, erkennt man schnell, wie sich die neun Charaktere unterstützen und auch austricksen.
Je nach Ausprägung und Anwendung des jeweiligen Musters werden unterschiedliche Strategien und Bedürfnisse/Interessen sichtbar. Manche beeinflussen sich direkt, weil sie sich nahestehen oder aus der gleichen Motivationslinie oder Regulationsstrategie kommen. Andere sind etwas weiter entfernt und kommen nur über einen anderen Charakterzug miteinander in Verbindung. Generell gilt: Wer in den neun Charaktermustern ausgeglichen ist und in diesen positiv agieren kann, hat einen Riesenvorteil, besonders in Krisenzeiten und im Teamplay. Man hat wesentlich mehr Optionen und Handlungsressourcen, in diversen Situationen gekonnt zu agieren. Der Trick liegt im abgestimmten Agieren der neun Charaktere.

Einflussfaktoren sind ebenso die Bedürfnisse nach Autonomie, Sicherheit und Stimulanz. Unbedingt sollten die persönlichen Präferenzen wie introvertiert vs. extrovertiert sowie zwischen Nähe vs. Distanz berücksichtigt werden. Das beeinflusst den Charakter und das Teamplay zusätzlich.

Wahrnehmungsdimensionen, Emotionen und Motorik sind bei Menschen unterschiedlich ausgeprägt, d. h. jeder hat seinen eigenen Weg zum Ziel, sozusagen seinen eigenen typischen Gang (Hören Sie den Gang Ihres Chefs? Wie fühlen Sie sich dann?). Auch das beeinflusst einen Konflikt und die Wahrnehmung einer Person.

Der Mensch ist in seiner Basis zugleich einfach und kompliziert „gestrickt" und „verstrickt", u. a. durch (kulturelle) Prägungen und Erlaubnisse – was darf man nicht, was erlaubt man sich, was nicht. Manches ist vergleichbar und ähnelt sich in der Vorgehensweise, manches nicht. Auch zwei Menschen mit dem gleichen Hauptcharakter können leicht nuancierte Verhaltensweisen und Beurteilungen zeigen. Das ist wichtig zu beachten.

	Reformiert	Blockiert	Überentwickelt
Beziehung	C 1 – Der Individualist	C2 – Der Macher	C3 – Her Helfer
Dominanz	C 4 – Der Perfektionist	C5 – Der Friedliebende	C 6 – Der Kämpfer
Erkenntnis	C 7 – Der Optimist	C8 – Der Skeptiker	C9 – Der Beobachter

Die zwölf Apostel eines Charakters

Die Menschen entwickeln ihren Charakter und beweisen sich in Konflikten. Die Frage ist nur: Wie wird und wurde man dabei begleitet? Das Verständnis für diese Prozesse ist ein wichtiger Baustein für ein gutes Konfliktmanagement. Daher lohnt es sich, den motivationalen Charakteransatz in das Konfliktmanagement mit aufzunehmen.

Als „12 Apostel" wird die Beschreibung von **12 Postulaten** bezeichnet. Dies sind die zentralen Bedingungen, die den jeweiligen Charakter begleitend steuern – sozusagen ein Programm für Konfliktmuster. Sie sind die motivationalen und emotionalen Hintergründe der individuellen Verhaltensweisen, Denkmuster und einzigartige typische Merkmale.

1. Apostel: Identität

Eine typische Aussage für die jeweilige Identität ist „Ich bin …". Sie gibt Auskunft über Motivationen, mögliche Werte und Glaubenssätze sowie die daraus folgenden Handlungen.

2. Apostel: Innerer Konflikt

Die Kernproblematik eines Konflikts ist vor allem in den inneren Konflikten zu finden. Bedürfnisse und Werte können bei einem inneren Konflikt nicht ausgesprochen und gelöst werden.

3. Apostel: Hauptemotionen im Konflikt

Die Hauptemotion steuert am stärksten den Konflikt mit den Erfahrungen, Befürchtungen und Unsicherheiten. Die Emotionen beeinflussen das Denken und Handeln in kritischen instabilen Situationen immens.

4. Apostel: Aufmerksamkeit

Jede Persönlichkeit richtet ihre Aufmerksamkeit aus und filtert sie, u. a. nach Nutzen, sinnlicher Wahrnehmung sowie inneren Überzeugungen und Erfahrungen. Das Gehirn will immer Recht haben. Gegensätzliche Informationen werden zunächst weggefiltert.

5. Apostel: Vermeidungsverhalten

In Konfliktzeiten ist das Vermeidungsverhalten besonders stark ausgeprägt. Jeder Typus hat dafür seine eigene Strategie.

6. Apostel: Abwehrstrategie

Jeder Charakter hat spezifische Abwehrmechanismen, deren er sich bewusst und unbewusst bedient. Sie dienen dazu, die eigenen Ängste zu beherrschen.

7. Apostel: Bedürfnisse

Unterschiedliche Charaktere haben unterschiedliche Bedürfnisse. Geblockte oder unbewusste Bedürfnisse sind oft der Treiber für heftige Konflikte.

8. Apostel: Angriffsstrategie

Charaktere bedienen sich unterschiedlicher Angriffsstrategien (Anspruch, Erwartungen). Die Waffen sind passiver oder offensiver Natur und können nah oder distanziert angewendet werden.

9. Apostel: Blindheit

In jedem Konflikt ist man mehr oder weniger „erblindet". Die Wahrnehmung ist eingeschränkt und andere Aspekte werden ausgeblendet.

10. Apostel: Falle

Die gesammelten Konflikterfahrungen haben hierarchisierte Muster angelegt, u. a. über verstärkte Skepsis oder Neidpotenziale. Man überlegt nicht mehr lange, sondern reagiert sofort. Kennt der andere die Trigger, kann man leicht in Fallen gelockt werden.

11. Apostel: Lebensressourcen

Charakterliche, emotionale Stärken und Fähigkeiten zeigen einen Weg zum Klären eines Konflikts. Das Selbst, eigene Überzeugungen und eigene Fähigkeiten sind der Rettungsanker.

12. Apostel: Entwicklungspotenzial

Wo Irrwege sind, gibt es auch Auswege aus dem Labyrinth. Der Weg zur Befreiung beginnt mit der inneren Erkenntnis über eigene Konfliktmuster. Akzeptiert und lernt man aus der eigenen Geschichte, stellt sich Zufriedenheit ein.

1. Der Individualist

Der Individualist reagiert in Konflikten sehr sensibel. Er hat in seiner Lebens- und Familiengeschichte große Angst vor dem Alleingelassen-Werden entwickelt. Die Gründe dafür können Trennungen (wie Scheidungen, Tod), Gewalt, Aufwachsen in Heimen oder Pflegefamilien sein. Der Aufbau einer respektvollen und verbindenden Familienidentität war kaum möglich. Er glaubt, dass ihm etwas zu seinem Glück fehlt, was andere haben. Er hat eine Neigung zu Neid, Dramen und Extravaganzen, um der inneren Unsicherheit zu begegnen („So vergisst mich keiner"). Mit seiner inneren Motivation, etwas Besonderes sein zu wollen, will er auf sich aufmerksam machen, damit man ihn als wertvolles Familienmitglied nicht vergisst und ihm Aufmerksamkeit schenkt. Die fehlende Bindung und inneres Leid werden auf diese Weise kompensiert. Andererseits grenzt er sich durch das durchaus extravagante Verhalten von anderen ab.

Reaktionen im Konflikt

Er wird schnell melancholisch, wenn ihm bewusst wird, dass ihm etwas fehlt (Beziehung). Seine Verhaltensweisen werden theatralisch, dramatisch, depressiv, er beschäftigt sich viel mit sich selbst. Vorsicht: Sagen Sie nie zu diesem Typus, er sei überempfindlich oder würde überreagieren. Auch hier wird die Gefühlsklaviatur kräftig gespielt. Typische Sätze sind: „Was du sagst, tut mir weh" oder „Damit kann ich nicht leben".

Weitere Reaktionen:

- fühlt Neid und die Sehnsucht nach dem, was ihm fehlt
- bauscht alles auf
- neigt zu dramatischen Gedanken und Auftritten
- lässt im Konflikt andere schnell fallen
- konzentriert sich auf das Unerreichbare
- fühlt sich allein gelassen
- zieht sich zurück

Die „12 Apostel" des Individualisten

Der Individualist ist beziehungsmotiviert und wurde mit der Erkenntnismotivation reformiert. Diese Kombination äußert sich in der Kernaussage: „Nur wenn ich originell, etwas Besonderes bin, ich auffalle (Leistung/Strategie), bekomme ich Anerkennung (Beziehung/Liebe), dann finde ich eine Familie."

Identität

Der Individualist sagt: „Ich bin etwas Besonderes. Ich bin anders als du. Deshalb streite ich mit dir."

Innerer Konflikt

Der Individualist glaubt, dass andere etwas haben, was ihm fehlt. Neid ist seine Kernproblematik.

Die Hauptemotionen im Konflikt: Trauer und Angst
Er hat eine Grundangst vor Unzulänglichkeiten. Daher wird die Aufmerksamkeit auf das Fehlende gerichtet.

Aufmerksamkeit
Er vergleicht sehr schnell und sieht bei anderen Menschen sofort deren Stärken, Fähigkeiten und Potenziale.

Vermeidungsverhalten
Der Individualist vermeidet Durchschnittlichkeit, liebt Originalität, erscheint immer geschmackvoll und niemals gewöhnlich.

Abwehrstrategie
Er neigt dazu, negative Emotionen anderer als eigene anzunehmen und diese zum Teil zu leben.

Bedürfnisse
Der Individualist hat ein starkes Bedürfnis, sich selbst zu verstehen und will geliebt werden.

Angriffsstrategie
Er will in seiner Einmaligkeit (Originalität) wahrgenommen werden und neigt zu emotionalem Tiefgang.

Blindheit
Für die eigenen Fähigkeiten, Stärken und Potenziale ist der Individualist blind.

Falle
Er wird dramatisch, melancholisch, schwermütig, depressiv und ist stets auf der Suche nach Authentizität.

Lebensressourcen
Der Individualist ist sehr sensibel, nimmt schnell die Stärken anderer wahr und unterstützt sie bei Problemlösungen.

Entwicklungspotenzial
Von Begrenzungen befreit, entwickelt er sich, wenn er mehr Balance (Gleichmut) in seinen Gefühlen zwischen emotionalen Hochs und Tiefs hat. Er konzentriert sich auf authentische Gefühle für das einfache Glück (Das Glas ist halb voll statt halb leer). Im Positiven verwendet er kreative Strategien, um zu verstehen (analysieren) und zu verarbeiten (die neue Identität). Durch besondere Originalität wirbt er für sich: „Ihr müsst mich wahrnehmen, mich mögen, ich bin originell, kreativ und einzigartig." Der Individualist hat die Gabe, andere zu motivieren. Er zeigt ihnen einfach das Besondere auf: „Das kriegen wir hin!"

Reaktionen unter Stress

Unter Stress gerät der Individualist, wenn er nicht beachtet und wertgeschätzt wird. Er wird dann traurig, empfindet emotionale, psychosomatische Schmerzen und leidet unter Verlustängsten.

Weitere Reaktionen:

- ist überaus kritisch, manipuliert
- neigt dazu, zu zerstören (weil es nicht gut genug ist)
- ist egozentrisch (sorgt für Schwierigkeiten)
- neigt dazu, sich zu verausgaben
- fühlt sich verletzt und als Opfer

- agiert unpraktisch, kraftlos
- hat ein dramatisches Gefühlsleben, neigt zu Depressionen

Reaktionen in Friedenszeiten

In harmonischen, friedlichen Momenten ist der Individualist warmherzig, mitfühlend, intuitiv, ausdrucksvoll, hilfsbereit und schöpferisch und hat ein positives Gespür für sich und den eigenen Wert. Selbstdisziplin ist wie von selbst möglich. Er lebt mehr in der Gegenwart und betont stärker seine positiven Seiten und lässt sich weniger von Gefühlen leiten. Er gestaltet Beziehungen sehr herzlich und ist in Familien der emotionale Kümmerer. Dadurch kompensiert er das Gefühl des Verlassen- und Unverstandensein aus der Kindheit.

Weitere Reaktionen:

- ist charmant und loyal
- verbreitet viel Freude
- ist einfühlsam
- ist strukturiert und stabil
- ist zuverlässig und praktisch
- liebt die Vielfalt des Lebens
- ist kreativ und offen

Teamverhalten

- Er mag Teams mit Herz, innige, intuitive und zugewandte Beziehungen mit gemeinsamen Unternehmungen.
- Er mag den Ausdruck des Besonderen: Er ist das Original, keine Kopie, keine Seichtheit.
- Er mag Teamwork, das inspiriert.
- Positives Teamplay: Er ist dynamisch, leidenschaftlich, witzig, verspielt, genial-kreativ und ist zu tiefen Emotionen fähig.
- Negatives Teamplay: Er ist neidisch, eifersüchtig, emotional verunsichert, launenhaft, melancholisch, dramatisch, übermäßig kritisch, fühlt sich zurückgestoßen, ist selbstgerecht, vorwurfsvoll, sarkastisch.
- Er hat eine hohe Wettbewerbsorientierung, will die Ziele erreichen.
- Hohe fachliche Qualität der Kollegen ist ihm wichtig.

Führungsverhalten

- Er ist charismatisch, aber zu sehr auf sich konzentriert und selbstverliebt.
- Er hat Elitedenken und eine hohe Identifikation mit der Aufgabe (Spezialist).
- Er ist kreativ, inspiriert, innovativ.
- Fortbildungen und Training sind ihm sehr wichtig.
- Er hat symbiotische Beziehungen mit Untergebenen und Kunden.
- Versagen ist bei ihm nicht erlaubt, z. B. Nachlässigkeit.
- Er zeigt Qualität und Erfolge nach außen und präsentiert sich.
- Er erhält Motivation und Anerkennung auch über Materielles und Alleinstellungsmerkmale.
- Er kann sich dem Erfolg auf den letzten Metern versagen, wird überkritisch und vernichtet das bisherige Werk.
- Wechselnde emotionale Stimmungen sind bei ihm an der Tagesordnung.
- Er kommuniziert indirekt.
- Er deligiert schnell, auch u. U. Detailarbeit und Verantwortungen bei emotionaler Unsicherheit.

2. Der Macher

Der Macher reagiert in Konflikten wütend und ungeduldig. Sein Selbstwertgefühl ist davon abhängig, was in seinen Augen erfolgreich ist, und vor allem, wie andere wichtige Bezugspersonen das Ergebnis beurteilen. Da es Belohnung und Aufmerksamkeit nur gab, wenn er Erfolg hatte, heißt sein Motto: „Ich muss die Nummer 1 sein". Er identifiziert sich stark mit seinen Erfolgen. In Konflikten dreht es sich genau genommen nur darum, dass er scheinbar viel leistet und andere nichts. „Ich leiste viel und du nichts. Du bist faul." Er wird ungeduldig, wenn er auf „unfähige" Menschen trifft. Dann ist er wütend, sehr geradeaus und taktlos. Die Täuschung liegt darin, dass er die gewünschte Außenwirkung für seine wahre Identität hält. Er verliert mit dieser Strategie weitgehend den Kontakt zu seiner inneren Gefühlswelt. Er hat Angst davor, durch die Fehler anderer die Kontrolle über seinen Erfolg zu verlieren. Das macht ihn unsicher. Denn er will für seine Erfolge und Siege bewundert werden.

Reaktionen im Konflikt

Fühlt er sich verletzt, reagiert der Macher mit emotionalem Rückzug und verstärkter Aktivität. So hält er andere auf Distanz.
Vorsicht: Das Wort „Stopp" reizt den Macher ebenso wie wenn ihm etwas untersagt wird. Damit wird der Erfolgsprozess gestoppt und das mögen Macher nicht.

Weitere Reaktionen:

- verdreht Tatsachen
- kann schwer Kritik annehmen
- wird distanziert, zieht sich zurück
- fühlt sich enttäuscht
- reagiert verletzend und unfair
- gesteht eigene Fehler nicht ein
- wird zaghaft und ängstlich

Die „12 Apostel" des Machers

Der Macher ist beziehungsorientiert und wurde mit der Dominanzmotivation blockiert. Die Kombination äußert sich in der Kernaussage: „Nur wenn ich etwas Wertvolles mache (Handeln/Dominanz), bekomme ich Anerkennung (Beziehung/Liebe)."

Identität

Der Macher will ein Gewinner, die erfolgreiche Nummer 1 sein, damit er andere beeindrucken kann.

Innerer Konflikt

Der Macher neigt dazu, mit der Wahrheit „locker" umzugehen, um seinen Erfolg zu sichern. Täuschung und Lüge sind seine Kernproblematik.

Die Hauptemotionen im Konflikt: Trauer und Wut

Macher haben Angst vor Ablehnung und Versagen. Daher stellen sie oft die eigenen Fähigkeiten übertrieben und sehr imageträchtig dar.

Aufmerksamkeit
Macher glänzen durch Leistungen, haben ein hoch ausgeprägtes Konkurrenzdenken und zeigen dies gern durch Statussymbole.

Vermeidungsverhalten
Die Angst vor dem eigenen Versagen und vor Misserfolg ist stark ausgeprägt, daher steigern Macher ihre Aktivität.

Abwehrstrategie
Er agiert mit angepasster, gespielter Identifikation und trickst gern, um gut dazustehen.

Bedürfnisse
Macher haben das starke Bedürfnis, für Leistungen anerkannt, begehrt und geliebt zu werden.

Angriffsstrategie
Er stülpt gern anderen ausnahmslos die eigene Lebensphilosophie über.

Blindheit
Macher haben eine verschwommene Wahrnehmung für gute Charaktereigenschaften anderer und sind auf Äußerlichkeiten und Statussymbole fixiert.

Falle
Macher neigen zum Lügen, zur Selbsttäuschung und zu eitler Selbstdarstellung.

Lebensressourcen
Macher können sich gut auf andere einstimmen (Feingefühl) und wissen, was ankommt und was nicht.

Entwicklungspotenzial
Macher sollten mit Aufrichtigkeit und Wahrheit den Zugang zu ihren eigenen Gefühlen und somit den Zugang zu ihrem Herzen öffnen.
In der Folge werden sie die eigenen Fähigkeiten und die wirklichen Beziehungsfaktoren objektiver und wahrhaftiger beurteilen.

Reaktionen unter Stress

Unter Stress gerät der Macher, wenn man ihn zur Untätigkeit verdammt (Langeweile) oder seine Leistungen nicht würdigt. Dann interpretiert er Misserfolge in Erfolge um, stellt die Dinge unwahr dar oder betont seinen Anteil am Erfolg stärker und negiert seinen Anteil am Misserfolg. Er beginnt, sich zu rechtfertigen.

Weitere Reaktionen:

- übt Druck aus
- neigt zur Hinterlist, Täuschung, Unaufrichtigkeit
- wird arrogant und narzisstisch
- ist eitel und oberflächlich
- hat Angst davor, nicht erfolgreich zu sein
- stumpft ab, neigt zu Drogenmissbrauch
- verfällt in Hektik und wird ineffizient

Reaktionen in Friedenszeiten

In harmonischen, friedlichen Zeiten sind Macher optimistisch, zuversichtlich, freundlich, arbeitsam und antriebsstark. Wenn es besonders schön ist, fühlen sie sich geborgen, dann sind sie aufrichtiger und sozial engagierter. Sie verbringen mehr Zeit mit Familie und Freunden und betrachten mehr, was für alle von Vorteil sein kann, weil sie einen besseren Kontakt zu ihren Gefühlen haben. Aber sie werden dadurch auch verletzlicher.

Weitere Reaktionen:

- ist charmant und loyal
- ist anpassungsfähig
- ist pragmatisch und mitreißend
- ist effektiv
- ist begeisterungsfähig und unterhaltsam
- ist zuverlässig
- ist wahrhaftig

Teamverhalten

- Er mag Macher-Teams, die nach Erfolg streben (macht glücklich).
- Aufgabe, Ziel und kurzfristiger Erfolg stehen bei ihm vor Intimität. Die Arbeitsbeziehung dient dem Erfolg (Nutzen).
- Er hat immer einen Plan B, denn Misserfolg bedeutet Gesichtsverlust.
- Für ihn sind Identifikation mit der Aufgabe, dem Team und der Institution notwendig (positives Image).
- Positives Teamplay: verspielt, sehr verantwortungsvoll, leistungsstark, machen, hohe Konzentration auf das Projekt, Gewinner-Team, loyal, beständig
- Negatives Teamplay: ungeduldig, unaufrichtig, hektisch, herrschsüchtig, Abwehrhaltung, auf Distanz gehend, übertrieben antreibend, kaltes, berechnendes Miteinander, unpersönlich
- Er mag freies Miteinander, hat mehr Bekannte als Freunde.

Führungsverhalten

- Er hat einen dynamischen und optimistischen Führungsstil (Macht durch Dynamik).
- Er ist erfolgsorientiert. Ergebnis geht vor Menschen. Er legt Wert auf hohes Tempo und schnelle Anpassungsfähigkeit, wird dabei gefühllos, wenn der Erfolg gefährdet ist.
- Er hat einen klaren Verhaltenskodex.
- Er neigt zur Schauspielerei und wirkt extravagant.
- Er hat einen vollen Terminkalender, viele Projekte und Aktivitäten.
- Er hat ehrgeizige Ansprüche an Kreativität, Produktivität und Kompetenz.
- Er ist sehr selbstständig.
- Er setzt klare, aber auch herausfordernde Ziele.
- Widerstände sind für ihn Herausforderungen.
- Mit allen Mittel will er das Ziel (ungeduldig) erreichen.
- Er hat hohe kommunikative Fähigkeiten.
- Er mag keine Routinearbeit.
- Er ist wenig kritikfähig.

3. Der Helfer

Helfer haben Angst vor Zurückweisungen. Sie mögen daher keine Konflikte und gehen diesen generell aus dem Weg. Sie sind ausgesprochene Gefühlstypen, was auch das analytische Denken erschwert. Auf die leiseste Missbilligung oder Kritik reagieren sie sehr sensibel und fühlen sich ungerecht behandelt. Sie grollen, wenn sie nicht bekommen, was sie wollen. Ihr Stolz verhindert aber auch, andere zur Rede stellen zu können. Wenn sie sich von ihrem Gegenüber enttäuscht fühlen, dann werden sie zum „verwundeten Tiger" und kennen keine Kompromisse mehr. Sie vollziehen eine absolute Kehrtwendung und greifen mit Vorwürfen an („Du kannst niemals gutmachen, was ich für dich getan habe."). Unter dem Mantel des Nettseins verbirgt sich ein harter Kern. Helfer lieben es, anderen Vorwürfe zu machen. Das tut ihnen gut und zeigt dem anderen, dass trotz aller Freundlichkeit mit ihnen nicht zu spaßen ist.

Reaktionen im Konflikt

Ein Mensch mit Helfercharakter ist emotional von Freude und Trauer getragen. Er reagiert empfindsam auf Kritik und nimmt diese schnell persönlich („Ich habe es doch nur gut gemeint.").

Weitere Reaktionen:

- reagiert launenhaft
- verhält sich ablehnend
- wird schnell wütend und aggressiv
- intrigiert
- greift mit Vorwürfen an
- neigt zu psychosomatischen Krankheiten

Die „12 Apostel" des Helfers

Der Helfer ist beziehungsorientiert und wurde in der Beziehungsmotivation überentwickelt. Die Kernaussage lautet: „Ich bin liebevoll, selbstlos, herzlich, opfer- und hilfsbereit". „Nur wenn du anderen hilfst und für sie da bist, bekommst du Anerkennung (Beziehung/Liebe)."

Identität

Helfer haben Angst davor, dass geliebte Personen sie verlassen und sich von ihnen lösen. Daher schaffen sie Abhängigkeiten, damit es ohne sie nicht geht.

Innerer Konflikt

Helfer sind stolz darauf, anderen Menschen zu helfen und ihre eigenen Bedürfnisse zurückzustellen. In diesem Sinne ist ihre Kernproblematik der Stolz, der Ausdruck des Unwillens, das eigene Leid zu erkennen und um Hilfe zu bitten.

Die Hauptemotionen im Konflikt: Trauer und Enttäuschung

Der innere Motor für die Hilfsbereitschaft des Helfers ist: Er will nicht von der Gruppe/Familie ausgeschlossen sein, will geliebt und beachtet

werden und Anerkennung bekommen. Unter Umständen ist seine Enttäuschung auch mit Wut kombiniert.

Aufmerksamkeit

„Wo kann ich helfen? Wer braucht mich? Ich weiß, was für dich gut ist." – Helfer neigen dazu, permanent in das Leben anderer einzugreifen und zu agieren.

Vermeidungsverhalten

Helfer vermeiden ihre eigene Hilflosigkeit: „Ich schaffe es allein. Du brauchst mir nicht zu helfen."

Abwehrstrategie

Helfer sind Meister im Verdrängen der eigenen Schmerzen und Probleme und wehren sich durch Manipulation, Unterdrückung sowie im Schmieden von Rachegedanken.

Bedürfnisse

Helfer sehnen sich nach Dankbarkeit und nach der Nähe anderer Menschen und der Gemeinschaft. Wertschätzung und Anerkennung sind für sie sehr wichtig.

Angriffsstrategie

Ihre Hauptangriffswaffen sind es, Nähe und Abhängigkeiten zu schaffen. Daher wissen sie viel über andere Menschen: ihre Geburtstage, ihre Vorlieben, ihre aktuelle Situation.

Blindheit

Helfer sind oft blind für die Würde und Selbsthilferessourcen anderer Menschen.

Falle

Unbewusst wollen Helfer sich durch das Helfen unentbehrlich machen und im Mittelpunkt der Gruppe/Familie stehen.

Lebensressourcen

Helfer können sich gut auf andere einstellen (Empathie) und geben ihnen, was sie brauchen. Ebenso unterbreiten sie meistens sehr gute Vorschläge zur Konfliktlösung.

Entwicklungspotenzial

Helfer sollten sich nicht für unersetzlich halten, ihren Stolz auf ihre eigene Bedürfnislosigkeit aufgeben und mehr Aufmerksamkeit auf die eigenen Bedürfnisse richten. Sie sollten mit dem Motto „Hilfe zur Selbsthilfe" agieren. Sie sollten unterscheiden zwischen wahrer Hilfe, Selbstlosigkeit und zielgerichtetem Geben, um etwas zu erreichen oder zu bekommen. Ebenso sollten sie lernen, Lob anzunehmen, mit einem Lächeln „Danke schön" zu sagen statt „Dafür nicht", wenn sich jemand bedankt. Ebenso sollten sie sich darüber im Klaren sein, dass zu helfen keine Normalsituation, sondern eine Sondersituation ist.

Reaktionen unter Stress

Ein Helfer gerät unter Stress, wenn man ihn ins Abseits stellt und undankbar ist. Er versucht zunächst, zu allen besonders nett zu sein. Sollte diese Strategie nicht funktionieren, dann fällt sein Stolz zusammen und er bemitleidet sich selbst.

Weitere Reaktionen:

- beginnt, zu manipulieren
- ist übermäßig zuvorkommend
- wird zornig und unkooperativ
- vereinnahmt andere Menschen
- erkennt aus Stolz eigene Grenzen nicht
- reagiert mit Rückzug und Liebesentzug
- reagiert mit psychosomatischen Beschwerden

Reaktionen in Friedenszeiten

In guten Zeiten ist ein Helfer liebevoll, fürsorglich, lacht viel und herzhaft, ist freundlich, anpassungsfähig, einsichtig, großzügig, begeisterungsfähig, überschwänglich, jedem gegenüber offen, gebend, setzt sich aktiv ein, will für jeden das Beste, schmeichelnd, sucht Körperkontakt, verführt und kokettiert. Er gibt viel, ist einfühlsam und hat ein gutes Gespür für Talente und fördert diese. Er erkennt, dass sich Liebe nicht durch viele gute Taten erzwingen lässt.

Weitere Reaktionen:

- ist demütig
- liebt bedingungslos
- ist warmherzig und verständnisvoll
- ist taktvoll
- ist achtungsvoll und beratend
- kommuniziert offen
- schlichtet und vermittelt

Teamverhalten

- Er mag Teams, in denen die Mitglieder mit Freude und Wertschätzung interagieren und sich gegenseitig helfen.
- Er mag verschworene Gemeinschaften mit kleinen Geheimnissen, die sich Rückhalt geben.
- Er lobt für gute Arbeit und vergibt kleine Privilegien.
- Er hat ein hohes Einfühlungsvermögen und ein Gespür für das, was der andere braucht.
- Er kann eigene Bedürfnisse zurückstellen, aber nicht gut darüber reden.
- Positives Teamplay: Beratung, Unterstützung, dynamisch, mit Freude, willensstark, integrierend
- Negatives Teamplay: reizbar, Zorn, oberflächliche Bindung, kontrollierend, manipulierend, klagen und jammern, Schuldzuweisungen

Führungsverhalten

- Er hat einen helfenden, organisierenden, familiären Führungsstil.
- Er ist lieber Berater und Mentor bzw. in stellvertretender Führungsrolle. Agiert lieber aus der zweiten Reihe.
- Er ist ehrgeizig, mit Qualitätsanspruch.
- Er spricht viel mit Teammitgliedern, ist für sie da und versucht, ihre Bedürfnisse zu berücksichtigen. Erwartet hierfür auch Dankbarkeit.
- Er reagiert sensibel und nimmt Kritik persönlich.
- Er neigt zur indirekten Kommunikation.
- Er ist nicht bürokratisch.
- Qualität und Fortbildungen sind für ihn zur Stärkung der Potenziale wichtig.
- Er zeigt loyales Verhalten.
- Er kann überzeugend argumentieren.

4. Der Perfektionist

Perfektionisten reagieren in Konflikten sehr zornig und fragen nach der Verantwortung. Dabei bleiben sie selbstkritisch und legen hohe Maßstäbe bei sich und anderen Menschen an, was das Gefühl, perfekt sein zu wollen, intensiviert. Sie verfügen über einen strengen inneren Kritiker (solltest, müsstest, hättest), weil sie gelernt haben, nicht gegen Regeln und Konventionen zu verstoßen. Deshalb korrigieren Perfektionisten sehr gern andere Menschen. Sie korrigieren und nörgeln (permanent), damit andere es richtig machen. Das schafft oft Unfrieden, weil man den Eindruck gewinnt, es ihnen nie recht machen zu können. Sie finden zielsicher und garantiert „das Haar in der Suppe" und lassen es sich auch sofort anmerken. Vorhaben werden von ihnen genau geplant, um Störungen vorzubeugen. Sie lieben feste Absprachen. Das gibt ihnen das nötige Vertrauen im Umgang mit ihren Mitmenschen. Problematisch wird es, wenn Absprachen (Richtlinien) nicht eingehalten werden oder Unordnung (Chaos) herrscht. Schließlich bemühen sie sich immer, den Erwartungen gerecht zu werden, und agieren sehr verantwortungsbewusst („Das kann ich von dir auch erwarten"). Sie können dann sehr sarkastisch und zynisch reagieren.

Reaktionen im Konflikt

Der Perfektionist versucht alles möglichst fehlerfrei und in bester Ordnung zu haben. Gelingt dies nicht und gerät manches aus den Fugen, reagiert er emotional mit Zorn und Angst.

Weitere Reaktionen:

- wird dogmatisch („Nein, es muss so gespielt werden.")
- kritisiert alles und jeden
- ist unsensibel
- wirkt penetrant und autoritär
- reagiert zornig und unflexibel
- beginnt widersprüchlich zu handeln
- richtet über andere

Die „12 Apostel" des Perfektionisten

Perfektionisten sind dominanzorientiert und wurden mit Einsatz der Erkenntnismotivation umfunktioniert.
Die Kombination äußert sich in der Kernaussage: „Setze deinen Verstand ein (Erkenntnis), um keine Fehler bzw. alles perfekt zu machen (Dominanz)." „Achte darauf, dass die Nachbarn nichts Negatives über uns sagen können." (Angst, Vorbild sein). Sie hatten strenge Eltern, die Wert auf Pflichterfüllung gelegt haben.

Identität

Perfektionisten mussten brav sein, damit es keine Probleme gibt. Sie versuchten, immer ein „gutes" Kind zu sein.

Innerer Konflikt

Das Unvollkommene macht den Perfektionisten zornig (Kernproblematik). Er ist dann peinlich berührt und wird u. U. dogmatisch, um Fehler zu vermeiden.

Die Hauptemotionen im Konflikt: Wut und Scham

Von ihren Mitmenschen dabei ertappt zu werden, etwas fehlerhaft bearbeitet haben, erfüllt sie mit Angst und Scham.

Aufmerksamkeit

Ihr Denkstil geht in Richtung beurteilender Verstand, z. B. „richtig/falsch". Entsprechend ist auch die Aufmerksamkeit auf Fehlerhaftes gerichtet.

Vermeidungsverhalten

Perfektionisten vermeiden unklare Anforderungen und Unordnung. Das Vermeiden zeigt sich in klaren, spezifischen Geboten und Verboten.

Abwehrstrategie

In Situationen, in denen nicht alles perfekt läuft, neigt der Perfektionist zu explosionsartigen Ärger- und Wutreaktionen.

Bedürfnisse

Sie haben gern Recht und möchten, dass alles perfekt ist. Disziplin und Vollkommenheit sind ihnen sehr wichtig.

Angriffsstrategie

Perfektionisten greifen mit ihren Erwartungen nach Vollkommenheit und Perfektionismus frontal an. Sie wirken dabei „verkopft" und sind überzeugt, das Richtige zu tun.

Blindheit

Sie sind in Beziehungen und Gesprächen oft blind für emotionale Zwischentöne, da Perfektionisten sich sehr auf die Fakten und die Vermeidung von eigenen Fehlern konzentrieren.

Falle

Perfektionisten üben zwanghafte Kontrolle bei sich selbst und bei anderen aus. Dabei neigen sie zu übermäßiger Kritik.

Lebensressourcen

Perfektionisten können sich selbst mit rationalem Denken, Fleiß und Selbstdisziplin „aus dem Sumpf herausziehen". Zudem können sie gut Reformen einleiten, strukturieren und umsetzen. Sie können sich sehr gut auf eine Sache konzentrieren und auch motivierend dafür werben. Ihre Leistungsmotivation ist hoch.

Entwicklungspotenzial

Um ihren Charakter weiterzuentwickeln, sollten sich Perfektionisten in Gelassenheit und im Loslassen vom Perfektionismus-Anspruch üben. Wenn sie sich für Alternativen öffnen, sehen sie das Gute in den anderen Vorstellungen. Dann können sie auch mal „fünf gerade sein lassen". Akzeptieren Perfektionisten das Unvollkommene, werden sie entspannter, ruhiger und toleranter. Sie werden mit mehr Gelassenheit mutiger für Visionen und insgesamt nachsichtiger. Entspannung und Heiterkeit bringt sie in die Balance des Zulassens. Sie werden versöhnlicher mit sich und anderen und fühlen sich integriert.

Reaktionen unter Stress

Perfektionisten haben Angst davor, dass man mit ihrer Leistung nicht zufrieden ist und andere es besser machen. Statt Selbstdisziplin zeigen sie dann Neid, depressive Stimmungen und neigen zu Ressentiments: „Jeder hat es besser als ich." Wird der Druck noch größer, dann halten sie auch ihre eigenen aufgestellten Regeln nicht mehr ein.

Weitere Reaktionen:

- hat moralische Skrupel
- wird heuchlerisch
- neigt zur Selbstüberforderung
- zeigt Neid
- wird nervös
- neigt zur Depression und Melancholie

Reaktionen in Friedenszeiten

Perfektionisten wachsen in harmonischen Zeiten, wenn sie wissen, was sie wollen, statt nur zu wissen, was richtig wäre. Dann sind sie verlässlich, produktiv und klug. Ebenso können sie zu guten Einigungen beitragen und vernünftige Lösungen finden, zeigen sich selbst von ihrer besten Seite und können diese bei anderen zum Vorschein bringen.
Sie wirken heiter und gelassen. Heitere Gelassenheit hilft in kritischen, nicht perfekten Situationen, ohne Zorn und Ärger zu reagieren. Gelingt das, dann werden sie weiterhin ihre positiven Ressourcen leben können.

Weitere Reaktionen:

- ist inspirierend
- ist vernünftig und ehrenhaft
- reagiert gelassen
- ist begeisterungsfähig
- ist tüchtig und korrekt
- ist fair und ehrlich
- ist spontan und offen

Teamverhalten

- Er mag Powerteams mit hoher fachlicher Qualität und Selbstverantwortung.
- Er will ein verlässliches, stabiles Team (Pflichterfüllung) mit konkreten Zuständigkeiten und Abläufen.
- Er mag Teams, die konsequent agieren.
- Positives Teamplay: Disziplin, gute Manieren, Potenziale und Projekte dürfen sich entwickeln, voller Energie, zuverlässig, kann Fehler akzeptieren und im Umgang sensibler korrigieren, humorvoller Sprachwitz
- Negatives Teamplay: pedantisch, zu kritisch und stetige Fehlersuche, fundamentalistisch-moralisierend, verkrampftes Miteinander, keine Lockerheit, zornig

Führungsverhalten

- Er hat einen reformerischen, qualitativen Führungsstil.
- System/Prinzip geht ihm vor Sensibilität.
- Ergebnis und Prozess werden zu 100 % von ihm kontrolliert.
- Er hat einen hohen Anspruch und eine geringe Fehlertoleranz. Mag es nicht, kritisiert oder auf Fehler hingewiesen zu werden (Schamgefühl, Gesichtsverlust).
- Seine Werte sind Orientierung an Prinzipien, Disziplin und Respekt.
- Er zeigt verantwortungsbewusstes Handeln und Moral, auch bei Entscheidungen.
- Er ist kein großer politischer Taktiker.
- Gerechtigkeit kommt bei ihm in Verbindung mit einer gewissen Strenge daher.
- Er zeigt Ehrlichkeit und integres Verhalten.
- Pünktlichkeit ist ihm sehr wichtig.
- Er ist u. U. diktatorisch, stur, bestimmend, perfektionistisch, agiert nach Schema F, wenig kreativ.
- Entweder-oder-Denken ist bei ihm ausgeprägt.

5. Der Friedliebende

Wut, Trauer und Angst. Er reagiert eher zurückgezogen und passiv verteidigend (stur). In seiner Lebens- und Familiengeschichte hat er die Erfahrung gemacht, dass er kaum bei eigenen Handlungen unterstützt wurde. Der Umgang mit seinen Eltern war eher von Abstand und Respekt geprägt. Daher gerät er in Not, wenn er eigenständig agieren soll. In schwierigen Situationen gewinnt er lieber die Kontrolle durch Sturheit und Langsamkeit. Er wartet einfach die Entwicklung ab und zeigt damit gleichzeitig den Wunsch, sich weiterhin wohlzufühlen und ungestört zu bleiben. Typisch für das Konfliktverhalten sind zwei Phasen:

In *Phase 1* verhält er sich friedlich und kann sich nicht entscheiden. Auch Nein zu sagen bzw. für sich selbst einzustehen, fällt dem Friedliebenden schwer. Deshalb werden Konflikte erst einmal geleugnet. Er kommuniziert indirekt, z. B. durch Fragen und vorwurfsvolle Blicke.

Die *zweite Phase* zeichnet sich durch Schweigen und Sturheit aus. Er hofft, dass sich dadurch der Konflikt von selbst löst bzw. an ihm vorbeigeht. Dabei schiebt er den Konflikt auf und hält den anderen hin. Seine Entscheidung verkündet er nach langem Hin und Her wie aus „heiterem Himmel".

Reaktionen im Konflikt

Der Friedliebende agiert in Konflikten zurückhaltend nach dem Motto: „Wird schon alles nicht so schlimm sein und werden. Lieber abwarten, wie sich alles entwickelt." Dann muss er keine Entscheidung fällen. Die Zeit oder der andere wird die Richtung bestimmen. Emotional regiert er mit passiver Aggressivität und eher mit Trauer als mit freudiger Zuversicht.

Weitere Reaktionen:

- verleugnet Probleme
- hält Informationen zurück
- stellt eigene Bedürfnisse zurück
- verlässt bei Streitigkeiten den Raum
- wirkt unentschlossen und nervös
- lacht gern entschuldigend
- wird in unpassenden Situationen wütend

Die „12 Apostel" des Friedliebenden

Der Friedliebende ist im Grunde dominanzorientiert, aber er wurde durch fehlende Unterstützung (Beziehung zu Eltern) blockiert. Die Kombination äußert sich in der Kernaussage: „Ich wurde entweder verwöhnt, wurde kaum bei Handlungen unterstützt oder musste immer nett sein (blockierte Beziehung). Meine eigenen Handlungen (Dominanz) wurden kaum zugelassen und stark reguliert."

Identität

„Ich bin friedvoll und möchte Harmonie."
„Ich bewahre Ruhe und komme mit vielen gut aus."

Innerer Konflikt
Friedliebende Charaktere sind träge und passiv in ihrer Entscheidungsfähigkeit (Kernproblematik). Deshalb fällt es ihnen schwer, eigene Aktivitäten zu entfalten.

Die Hauptemotionen im Konflikt: passive Wut und Trauer
Sie haben Angst vor Trennungen, unterdrücken daher ihren Ärger und möchten immer bei den be- bzw. geliebten Menschen sein.

Aufmerksamkeit
Sie denken sehr systemisch und wollen alle Positionen und Ideen verstehen und nach Möglichkeit berücksichtigen.

Vermeidungsverhalten
Die Friedliebenden vermeiden Konflikte, um nicht aus der Ruhe gebracht zu werden (fehlende Dominanzenergie). Durch diese Vermeidungsstrategie kann es passieren, dass sie sich im Kreis drehen.

Abwehrstrategie
Sie neigen zur Sturheit, Trägheit, zu passivem Widerstand und Selbstbetäubung, auch mit Alkohol und anderen Drogen.

Bedürfnisse
Sie haben ein ausgesprochenes Bedürfnis nach Einheit, innerer Stabilität, Frieden und Harmonie sowie die Sehnsucht, anderen wichtig zu sein und ernst genommen zu werden.

Angriffsstrategie
Die Hauptwaffe im Konflikt ist ihre Passivität und ihr Nicht-Reagieren.

Blindheit
Friedliebende sind blind für das Wesentliche, das sie selbst betrifft. Sie haben zu sehr gelernt, sich anzupassen.

Falle
Sie neigen zur Trägheit und Bequemlichkeit und zur Harmonie um jeden Preis.

Lebensressourcen
Friedliebende interessieren sich aufrichtig für andere Menschen. Sie sehen die systemischen Zusammenhänge und können mit den verschiedensten Menschen auskommen. Daher können sie sich gut in andere hineinversetzen, ihre Beweggründe verstehen und eine „salomonische" Lösung finden, die die Interessen der Parteien berücksichtigt.
Sie sind geduldig.

Entwicklungspotenzial
Friedliebende müssen lernen, das Leben *aktiv* zu leben, es mit allen Vor- und Nachteilen anzunehmen und sich bei der Auseinandersetzung mit Menschen mit ihrer eigenen Identität, ihren Werten und Normen einzubringen, ohne in Passivität und Rückzug zu verfallen. Um sich zu entwickeln, brauchen sie Zuwendung von vertrauten Menschen, die als Mentoren agieren. Friedliebende müssen lernen, ihre Ziele und Standpunkte – unabhängig von der Meinung anderer, auch wenn es unangenehm wird – selbst zu setzen und zu vertreten. Sie laufen sonst Gefahr, zu schnell vereinnahmt und zu passiv zu werden.
Bei der Konfliktlösung ist der Friedliebende in der Lage, alle Seiten (Positionen/Interessen) nachvollziehen zu können.

Reaktionen unter Stress

Unter Stress versteifen Friedliebende körperlich wie mental. Sie werden unbeweglich und geraten in Panik. Hilfe nehmen sie meist nicht so gern an. Aber es tut ihnen gut, wenn man sie nicht unter Druck setzt.

Weitere Reaktionen:

- schiebt Dinge auf
- wird vergesslich
- verhält sich apathisch
- ist störrisch
- verhält sich ziellos
- vernachlässigt sich
- stumpft ab und wird zynisch

Reaktionen in Friedenszeiten

In guten Zeiten sieht der Friedliebende das Positive bei sich und seinen Talenten. Wenn alle nervös sind, konzentriert er sich auf das, was wichtig ist und getan werden muss. Dann zeigt sich seine innere Stabilität. Er hat Freude daran, Krisen zu erforschen.

Weitere Reaktionen:

- ausgeglichen und zufrieden
- einfach und gradlinig
- gutmütig und bescheiden
- liebenswürdig und mitfühlend
- gerecht und unparteiisch
- empfänglich und unbefangen
- tolerant und dankbar

Teamverhalten

- Er mag Teams mit viel Freude und verbindende, schützende Harmonie.
- Er bevorzugt tolerante Teams, in denen man sich akzeptiert, wie man ist.
- Als Teammitglied übernimmt er auch für Misslungenes Verantwortung, die nicht seine war.
- Er ist Experte für Netzwerkbildungen im Team.
- Er mag Rituale und Wiederholungen.
- Er mag keine schnellen Wechselsituationen.
- Der andere soll beginnen.
- Positives Teamplay: konzentriert, an sich glaubend, kann Prioritäten setzen
- Negatives Teamplay: passiv, nach Vorschrift, keine Eigeninitiative, abwartend, versteckt sich hinter dem Team

Führungsverhalten

- Er hat einen harmonischen, partnerschaftlichen Führungsstil mit Freiräumen.
- Er ist vermittelnder Teamplayer.
- Lässt jeden machen, wie er kann und mag.
- Er bevorzugt Teamentscheidungen.
- Er ist konsensorientiert auf Basis von Gerechtigkeit und Fairness.
- Er geht Konflikte passiv und schweigend an. Schiebt die Verantwortung weiter.
- Er fällt Entscheidungen als Teamentscheidungen (Konsensentscheidungen).
- Er wirkt etwas langweilig, sehr bodenständig, zu nett.
- Er ist gutmütig, warmherzig.
- Er trägt Anweisungen ohne Druck vor.
- Er mag Mitarbeiter, die sich selbst führen.

6. Der Kämpfer

Der Kämpfer reagiert im Konflikt aktiv und kämpferisch. Er verhält sich ungerecht, findet harte, beleidigende Worte, wird u. U. sehr laut und stößt damit andere vor den Kopf. Ebenso neigt er zu Provokationen und Ellenbogeneinsätzen („Man muss sich durchsetzen!"). Kämpfer regeln die Dinge auf ihre eigene Art und brechen Regeln lieber als sich danach zu richten. Sie mögen es jedoch nicht, wenn man ihre eigenen Regeln bricht. Sie übertragen gern ihren Zorn auf andere. Ihr Selbstwertgefühl wird vom Gewinnen in Kampfsituationen und ihrer körperlichen Vitalität gesteuert. Kämpfer sind sehr charismatisch. Sie mögen spielerische Wettkämpfe, um zu messen, wer der Stärkste ist. Dadurch werden sie unabhängig, selbstsicher und sie werden respektiert. Deshalb drängen sie in Konflikten auf Klarheit. Sie müssen aktiv werden, wenn sie sich bedroht fühlen. Sie können sich in Konflikten schnell hintergangen fühlen und wittern Verrat („Was läuft da hinter meinem Rücken?", „Wer hält zu mir?"). Sie lieben den Verrat zu ihren Gunsten und verachten den Verräter.

Reaktionen im Konflikt

Der Kämpfer verändert in Konflikten zuerst die Rahmenbedingungen, zieht die „Zugbrücke hoch", entwickelt bessere Schlachtpläne, sucht bessere Mitstreiter und verändert die Spielregeln.

Weitere Reaktionen:

- wird aggressiv
- sucht den Kampf („Auge um Auge")
- verhält sich selbstgerecht
- wird provokativ
- kann gewalttätig werden
- neigt zu Groll und Zorn
- wird gefühllos und exzentrisch

Die „12 Apostel" des Kämpfers

Der Kämpfer ist dominanzorientiert und wurde mit zu viel Dominanzmotivation überentwickelt. Dies äußert sich in der Kernaussage: „Ich bin stark, ich kämpfe und bin autonom. Ich setze meine Stärken ein, um meinen Einflussbereich zu erweitern und zu kontrollieren. Ich bin eine Kämpfernatur." Ihr zentrales Kindheitsthema war der z.T. unberechenbare launische Erziehungsstil ihrer Eltern. Diesen haben sie oft als bedrohlich erlebt, z. B. erhielten sie Bestrafung, obwohl sie nichts getan hatten. Viele Kämpfer berichten davon, geschlagen worden zu sein. Sie haben gelernt, dass man sich Respekt durch Kraft, Stärke und Dominanz erwirbt. Die Belohnung war Erfolg. Bei Schwäche drohten Zurückweisung und Missachtung.

Identität

Kämpfer sagen: „Nur wenn ich Stärke zeige, vital und mutig bin, werde ich Herausforderungen bestehen und der stärkste Kämpfer sein (Dominanz)."

Innerer Konflikt

Der Kämpfer glaubt, dass er keine Schwäche zeigen darf und immer stark sein muss. „Ich darf keine Angriffsfläche bieten." Lust an Exzessen/

Orgien etc. ist der emotionale Ausgleich für den inneren Druck, immer stark sein zu müssen, immer oben sein, nie Schwäche zeigen. Das Verhalten trifft man oft im hohen Leistungsbereich an, wie Sport, Business etc. (u.a. mit Essen, Alkohol und Sex, die verdiente Party nach einem erfolgreichen Kampf).

Die Hauptemotionen im Konflikt: Wut und Ekel
Kämpfer zeigen starke Wut- und Ekelreaktionen wie Beschimpfen, Beleidigen und Provozieren. Wenn sie sich nicht stark fühlen, zeigen sie vor allem Angst oder übertriebene Aggression.

Aufmerksamkeit
Sie achten sofort darauf, wie stark jemand ist und ob er genug Kraft hat, ihnen im Konflikt standzuhalten.

Vermeidungsverhalten
Kämpfer zeigen niemals ihre Schwächen oder geben nach. Ebenso vermeiden sie zu unsichere Situationen oder schwächelnde Menschen.

Abwehrstrategie
Sie leugnen Schwächen und streiten diese ab, um nicht zu unterliegen.

Bedürfnisse
Kämpfer haben ein ausgesprochen starkes Bedürfnis nach Selbstständigkeit und verachten Abhängigkeiten.

Angriffsstrategie
Sie zollen dem Schwächeren keinen Respekt. Ihre Vorgehensweise ist direkt-aggressiv, schnell und hart.

Blindheit
Kämpfer sind durch ihre eigene Maßlosigkeit blind für die Freiheiten anderer. Der Kämpfer denkt nicht in erster Linie in Freiheit, sondern in Hierarchie und Sich-Unterordnen. Die Armee funktioniert als Hierarchie, sonst versinkt sie im Chaos („Lotter- statt Elitetruppe!").

Falle
Kämpfer sind egozentrisch, zeigen anderen gern ihre Dominanz und haben die Tendenz, Rache und Vergeltung zu üben.

Lebensressourcen
Sie wirken sehr selbstsicher und sind durch ihre Körpersprache präsent. Sie bewegen und stellen sich den Herausforderungen, um zu bekommen, was ihnen zusteht. Wenn Kämpfer dies mit Zielstrebigkeit und Geduld verbinden, dann gewinnen sie die Erfahrung, dass man Menschen nicht kontrollieren muss, und können sich auch für Schwächere einsetzen, besonders wenn sie den Eindruck haben, dass es nicht gerecht zugeht. Dann werden Kämpfer sehr energisch.

Entwicklungspotenzial
Kämpfer entwickeln sich menschlich, wenn sie mehr Großmut und Nachsicht zeigen und sich für andere wirklich umfassend interessieren, ihnen Raum geben und nicht alles bestimmen. Sie sollten als Mentor agieren und ebenso die Befindlichkeiten der anderen wahrnehmen. Entwickelte Kämpfer können die eigenen schwachen Seiten akzeptieren, mehr Mitgefühl und Verständnis zulassen. Sie sollten auf einen versöhnlichen Umgang mit sich selbst achten und die Türen zu ihren Herzen öffnen, damit Aussöhnung möglich wird.

Reaktionen unter Stress

Kämpfer geraten unter Stress, wenn man sie warten lässt, ihnen keinen Raum lässt, sich respektlos verhält und ihnen die Kontrolle entzieht (sie den Boden unter den Füßen verlieren), wenn ihre Integrität in Frage gestellt wird, man ihnen in den Rücken fällt, sie enttäuscht werden oder wenn sie einen Misserfolg einfahren. Sie hassen es, zu verlieren.

Weitere Reaktionen:

- ist machtbesessen
- entwickelt Größenwahn
- sucht den „Schuldigen"
- wird zum unsozialen Einzelgänger

- neigt zu Gewalttätigkeit
- wird tyrannisch
- neigt zum Übermaß (z. B. Drogen)

Reaktionen in Friedenszeiten

Wenn Kämpfer sich sicher und geborgen fühlen, erkennen sie, dass Freundschaft, Liebe und Mitmenschlichkeit die größeren Mächte sind, die auch Befriedigung verschaffen. Sie sind besser in der Lage, sich anderen gegenüber zu öffnen und auch ihre weicheren, sanfteren Seiten zu zeigen. Sie sind dann voller Zuneigung und Intimität. Das ermöglicht Kämpfern, mehr Anteil am Schicksal und Wohlergehen anderer zu nehmen. Sie sehen dann Potenziale in sich und in anderen, bringen die Stärken zusammen und gehen mit ihren Freunden und für sie „durchs Feuer".

Weitere Reaktionen:

- ist selbstbewusst und direkt
- ist loyal und beschützend
- fördert andere Menschen
- ist ermutigend und fair
- ist offen und originell
- ist großmütig und großzügig
- ist mutig und verantwortungsvoll

Teamverhalten

- Er mag starke und durchsetzungsfähige Teams.
- Klare Regeln im Miteinander (Teamkodex) sind ihm wichtig.
- Er ist für einen starken Zusammenhalt im Team, hohe Loyalität und dafür, sich gegenseitig zu stärken.
- Jeder erfüllt seine Pflicht und sorgt für seine Talente durch fachliches Training und körperliche Fitness für größere Aufgaben.
- Er bevorzugt lösungsorientierte und krisenfeste Teams. In der Krise zeigt sich der Charakter eines Teams.

- Positives Teamplay: Respekt, Fairness, Zuspruch, Mentoring
- Negatives Teamplay: Niedermachen, Provokationen, Streit und Kämpfe, cholerisch, laut, rücksichtslos

Führungsverhalten

- Sein Führungsstil ist dynamisch und kraftvoll. Außerdem ist er ein ungeduldiger Machtmensch.
- Er agiert aus der Position der Stärke heraus.
- Er sucht große Herausforderungen mit dem Touch von Eroberung.
- Er delegiert gern.
- Er will durch Leistung stolz auf sein Team sein, z. B. Eroberungen, mehr schaffen als andere. Dann agiert er fürsorglich und Rücken stärkend.
- Ein militärischer, kämpferischer Akzent ist in Worten, in Körpersprache und Teamplay.
- Respekt und Gerechtigkeit sind ihm wichtig, er stellt stets die Schuldfrage.
- Er arbeitet mit Belohnung und Bestrafung (wie aus einem Katalog).
- Er ist kein Diplomat, sondern schätzt das ehrliche und direkte Wort.
- Er mag keine Manipulationen und Feigheit. Hat Respekt, wenn Paroli geboten wird.
- Er kontrolliert seine Macht und will Herr der Lage sein.
- Er lobt sparsam.
- Er trifft Entscheidungen selbst, ggf. mit vertrauenswürdigen Beratern.
- Er geht ins Detail, wenn die Richtung stimmt.

7. Der Optimist

Negative Gefühle und Streit können Optimisten nicht ertragen. Sie reagieren darauf mit Flucht in Aktivitäten. Denn sie wollen keinen Schmerz bzw. keine Langeweile spüren und sich nicht näher mit Konfliktthemen auseinandersetzen. Sie streiten ab, irgendwelche Probleme zu haben – besonders im Gefühlsbereich. Konflikte werden von ihnen gern „umschifft", aber auch schnell vergessen (das ist im Positiven wie im Negativen zu verstehen). Ihr Fokus liegt auf den schönen Dingen des Lebens. Schwierigkeiten sind hier nur hinderlich. Streitereien, die nicht enden wollen, zermürben sie. Sie sind Meister im Ausweichen und bemerken den Schmerz anderer nicht. Sie versuchen, Unzufriedenheit und Ärger humorvoll (ironisch, komödiantisch) auszudrücken. Die meisten Konflikte mit Optimisten entstehen, wenn sie ihre Arbeit schlecht und zu ungenau (unkontrolliert) ausführen. Sie geraten in Schwierigkeiten, wenn es ums Detail und darum geht, dass auch sie ihren Beitrag zur Lösung leisten müssen.

Reaktionen im Konflikt

Optimisten vermeiden die offene Konfrontation sowie das Risiko der Zurückweisung und ziehen sich bei Konflikten schnell zurück (Weglauf-Strategie). Probleme und negative Diskussionen werden von ihnen positiv umgedeutet oder umgeleitet („Darüber reden wir später, wenn das Projekt zu Ende ist." oder „Habe ich gar nicht so negativ in Erinnerung.").

Weitere Reaktionen:

- vermeidet offen Konfrontation
- wird ironisch oder sarkastisch
- weicht charmant aus
- deutet Probleme positiv um
- mag keine Kontrolle
- gerät bei Details in Schwierigkeiten
- wird unzuverlässig

Die „12 Apostel" des Optimisten

Der Optimist ist erkenntnisorientiert und wurde mit Dominanzmotivation umfunktioniert. „Nur wenn du neugierig, optimistisch und offen für die Welt bist (Erkenntnis), wirst du viele spannende Dinge erleben und kennenlernen (Dominanz/Handeln)."

Identität

Das Motto der Optimisten heißt:
„Genieße das Leben und sei glücklich",
„Ich bin okay – Du bist okay!"

Innerer Konflikt

Sie können schlecht Maß halten und suchen nur das für sie Günstigste heraus. Ihr Kernkonflikt ist die Gier.

Die Hauptemotionen im Konflikt: Angst und Wut
Für den Optimisten ist Langeweile grausam. Sie tarnen Angst oder Widerwillen daher mit der Aussage: „Das ist langweilig!"

Aufmerksamkeit
Sie denken in Idealen wie „Freiheit, Gleichheit, Brüderlichkeit" oder „Habe Freude im Leben!"

Vermeidungsverhalten
Sie vermeiden Schmerz und Langweile in jeglicher Form.

Abwehrstrategie
Zur Abwehr von Schmerz verteidigen Optimisten rigide die eigenen Ideale: „Wenn ich genieße, dann fühle ich mich wohl."

Bedürfnisse
Optimisten suchen die schnelle Befriedigung ihrer Wünsche und lieben die Leichtigkeit des Seins.

Angriffsstrategie
Sie greifen andere mit wortgewandter Ironie oder mit Abwertungen („Das ist ja langweilig!") und Schnelligkeit an.

Blindheit
Sie verschließen gern die Augen vor Pflichten und den tatsächlichen Grenzen des Lebens („Dazu habe ich keine Lust.").

Falle
Optimisten sind gierig nach Neuem und nach Zerstreuung. Mühe wird durch Vergnügen kompensiert.

Lebensressourcen
Die Stärke der Optimisten ist ihre unkonventionelle Lebensweise („Leben und leben lassen").

Entwicklungspotenzial
Viele Optimisten berichten von Rücksichtnahme durch Enttäuschungen oder Krankheiten (eigene oder die von Familienmitgliedern). Dadurch haben die Optimisten gelernt, mittels Freude und Schmerzvermeidung für sich zu sorgen und das Beste aus der Situation zu machen. Zur inneren emotionalen Balance der geringeren Aufmerksamkeit benutzen Optimisten „Ersatzobjekte", wie das neueste Spielzeug, Tiere oder andere Gruppen. Sie gerieten leicht in Angst und Panik, wenn es keine „Ersatzobjekte" gab. Je mehr Ablenkungen sie nutzten, umso frustrierter wurden sie.

Für Optimisten ist es gut, sich in mehr Genügsamkeit und Tiefgang zu üben, zu lernen, sich nur auf eine Sache zu konzentrieren, Prioritäten zu setzen und sich der aktuellen Aufgabe aufmerksam bis zum Ende zu widmen. Sie sollten lernen, Konflikte anzunehmen. Mit ihrem freudigen Optimismus können sie anderen über schwierige Situationen hinweghelfen (animieren) und durchhalten. Sie erreichen mehr Tiefgang und spüren ihre eigenen Emotionen tiefer und ernsthafter. Optimisten sind gern mit Freunden zusammen und erleben gern Freude. Hier liegt die Chance des Optimisten (Neu) und die Kernproblematik (Gier). Hier muss der Optimist seine Balance finden (Neu*gier*de).

Reaktionen unter Stress

Optimisten geraten unter Stress, wenn ihnen Optionen (Alternativen) verloren gehen, die Optionen sich in Luft auflösen bzw. wenn sie infrage gestellt werden.

Weitere Reaktionen:

- reagiert mürrisch und ungeduldig
- tritt fordernd und überheblich auf
- wird intolerant
- reagiert zornig
- versucht, andere zu überzeugen
- neigt zu kindischen Reaktionen
- fühlt sich schnell müde

Reaktionen in Friedenszeiten

Optimisten sind in guten Zeiten sehr gelassen. Sie haben den Mut, Risiken einzugehen und sich auf spannende Erfahrungen einzulassen. Mit ihren unterschiedlichsten Interessen und Fähigkeiten können sie brillant sein und die begonnenen Aufgaben beenden. Ebenso reagieren sie achtsamer auf die Bedürfnisse anderer und wägen die Möglichkeiten besser ab.

Weitere Reaktionen:

- ist fröhlich und spontan
- ist belastbar und produktiv
- ist kreativer Problemlöser
- ist vielseitig und tüchtig
- ist loyal und vertrauenswürdig
- ist visionär und idealistisch
- findet innere Ruhe und Einsicht

Teamverhalten

- Er mag Teams mit Optimismus, Kreativität und unterschiedlichen Persönlichkeiten.
- Er schätzt das persönliche und freundschaftliche Miteinander.
- Projektorientierte Teamarbeit mit Abwechslung und Optionen sind ihm wichtig.
- Intimität heißt für ihn Austausch von Ideen und Innovationen.
- Er ist ein Querdenker mit Hang zu revolutionären Gruppen/Denken.
- Er mag keine Hierarchien und sucht Teams mit wenig Führung und Druck.
- Positives Teamplay: selbstständiges Agieren, Ruhe und Aktion wechseln sich ab, Ideen produzierend, Small-Talker
- Negatives Teamplay: verschlossen, schnell frustriert und das Team wechselnd, kann Frust und Langeweile nicht aushalten, „Aufschieberitis" von Unangenehmem

Führungsverhalten

- Sein Führungsstil ist charakterorientiert, motivierend, kooperativ und zukunftsorientiert-visionär.
- Er arbeitet immer an mehreren Projekten und Ideen gleichzeitig.
- Er ist schnell euphorisch.
- Er präsentiert das Team nach außen positiv.
- Er verfolgt Win-win-Strategien und Kooperationen.
- Fortbildung ist ihm sehr wichtig.
- Er schätzt Selbstständigkeit.
- In Notfällen hilft er unbürokratisch.
- Er führt mit rotem Faden, aber ohne zu starre Regeln.
- Er hat eine Neigung zu wechselhaften Entscheidungen (Kehrseite seiner Flexibilität).
- Prozesse stehen vor strikten Inhalten. Daher ist er weniger verbindlich und kontrollierend.
- Für ihn sollte jeder nach seiner Fasson leben.

8. Der Skeptiker

Skeptiker wollen in Konflikten schnell herausfinden, was der andere wirklich will und was in ihm vorgeht. Er reagiert mit hintergründigem und genauem Hinterfragen. Welche Absichten verfolgen die anderen bzw. die Autorität? Skeptiker müssen wissen, mit wem sie es zu tun haben. Sie fürchten aggressive Handlungen und sind anderen Menschen gegenüber erst einmal misstrauisch. Die typische „Ja, aber"-Haltung entsteht bei Konflikten oft durch ihre Zweifel und durch anzuzweifelnde Äußerungen. Wenn Skeptiker bei Auseinandersetzungen den Boden unter den Füßen verlieren, reagieren sie mit Misstrauen und heftiger Abwehr. Konflikte kann man bei ihnen schnell auslösen, wenn man zu detailliert sagt, was sie zu tun haben. Ist dazu das Selbstvertrauen angekratzt, dann sehen sie sich schnell als Verlierer. In der Kindheit haben Skeptiker erlebt, dass sich die Menschen ihnen gegenüber als nicht vertrauenswürdig oder unzuverlässig erwiesen haben. Sie erlebten es, keine Unterstützung zu finden, und hatten Angst davor, nicht allein zurechtzukommen. Sie wurden und fühlten sich vernachlässigt. Manche berichten davon, misshandelt, bestraft oder erniedrigt worden zu sein.

Reaktionen im Konflikt

Skeptiker haben einen Zwillingscharakter und reagieren bei Konflikten entweder mit heftiger Abwehr oder sie verfolgen die Strategie, anderen zu gefallen.

Weitere Reaktionen:

- ist latent misstrauisch
- beschwert sich
- wird provokant
- spricht Konflikte indirekt an
- reagiert mit Bestürzung oder Befremden
- agiert vorsichtig („Ja, aber …")
- neigt dazu, Handlungen zu verzögern

Die „12 Apostel" des Skeptikers

Der Skeptiker ist erkenntnisorientiert und wurde mit ambivalenter, zum Teil fehlender Beziehungsmotivation blockiert. „Es ist schwer, anderen Menschen zu vertrauen (Erkenntnis), weil sie mich immer wieder enttäuscht haben und ich mich allein fühlte (Beziehung), anstatt beschützt zu werden (Dominanz)."

Der Skeptiker hat zwei Charakterseiten zum Erfahrungsthema Vertrauen entwickelt. Zum einen eine ängstliche Seite. Der loyale Skeptiker sucht die Sicherheit durch Loyalität und Zusammenhalt. Gelingt dies, dann kann man weiter vertrauen. Der loyale Skeptiker setzt die Beziehungsmotivation ein, um mehr Sicherheit und Vertrauen von anderen Menschen zu gewinnen.

Hingegen verfolgen provokante Skeptiker eine andere Strategie, um Vertrauen zu testen. Sie haben mit Unterstützung der Dominanzmotivation eine provokante Seite entwickelt. Sie stechen mit dem Finger in versteckte Wunden. Sie misstrauen und suchen die Lüge. Sie sind wahre Advocati Diaboli und stöbern nach hinterlistigen Motiven und verborgenen Absichten. Sie bezweifeln alles, teilweise auf sehr provokante Art. Sie können einen sehr rebellischen Charakterzug entwickeln. Alles dient dazu, herauszufinden, ob man dem Gegenüber und der Sache vertrauen kann. Zur Not wird detektivisch ermittelt.

Identität

Die Grundwerte des Skeptikers sind Sicherheit und Verlässlichkeit.

Innerer Konflikt

Durch ihre Ängstlichkeit und Zweifel (Kernproblematik) berauben sie sich vieler Chancen, z. B. durch Überanpassung („Ich bin loyal.") oder Provokationen (feindselig: „Das werden die bereuen.", „Da werde ich ihn mal testen.").

Die Hauptemotionen im Konflikt: Angst, Wut und Trauer

Sie fürchten Verrat, illoyales Verhalten und Denken und haben Angst davor, dass sich jemand, auf den sie sich verlassen, plötzlich abwendet.

Aufmerksamkeit

Für Skeptiker sind ihre Angst vor der Angst sowie ihre Zweifel das Schlimmste. Ihr Motto ist „Ich denke (zweifle), also bin ich".

Vermeidungsverhalten

Abweichungen von der Norm und Risiken sind für Skeptiker problematisch. Daher sind sie sehr pflichtbewusst und umsichtig – oder sie provozieren.

Abwehrstrategie

Sie neigen stark dazu, ihre eigenen Ängste auf andere zu projizieren (zu übertragen) und sind daher immer mit Misstrauen und der Suche nach Gefahren erfüllt.

Bedürfnisse

Sie haben ein starkes Bedürfnis nach Geborgenheit, danach, den Rücken gestärkt zu bekommen, und nach zwischenmenschlichen Sicherheiten.

Angriffsstrategie

Sicherheit und loyales Verhalten ist für Skeptiker ein hohes Gut. Hierin sind sie ein Vorbild und erwarten es auch von anderen.

Blindheit

Sie unterschätzen ihre eigene Macht, Mut und Entscheidungskraft. Sie bewerten dagegen die Motive und die Macht von anderen (Autoritäten) über.

Falle

Sie geraten in eine Sackgasse, wenn sie immer auf Nummer sicher gehen wollen.

Lebensressourcen

Skeptiker verfügen über eine enorme Ausdauer, Zuverlässigkeit und Einsatzbereitschaft. Das sind für sie unverrückbare Pfeiler für Erfolg. Sie beachten dabei alle Details und gehen sehr methodisch vor. Sie bringen ein Projekt immer zu Ende und legen enormen Wert auf gute Arbeit.

Entwicklungspotenzial

Durch Vertrauen und Stärkung der eigenen Selbstsicherheit, auch in ihrer Entscheidungsrichtigkeit, können sie ihre Ressourcen leben und selbstsicherer agieren. Dann sind Skeptiker entschlossen und mutig. Sie überwinden ihre Ängste und akzeptieren, dass man nicht auf alles vorbereitet sein kann. So vertrauen sie mit der Zeit mehr ihren eigenen Gefühlen und ihrer Intuition.

Reaktionen unter Stress

Unter Stress reagieren ängstliche Skeptiker beunruhigt und voller (Selbst-)Zweifel und sind voller Zukunftssorgen. Rebellische Skeptiker reagieren mit Wut und/oder überhöhtem Selbstvertrauen als positive Provokation („Pass auf, den putze ich weg.", „Schaffe ich alles".).

Weitere Reaktionen:

- ist starr und unflexibel
- ist rigide und reizbar

- ist unberechenbar und unentschlossen
- ist ängstlich und argwöhnisch
- ist pessimistisch und grüblerisch
- hat eine Tendenz zum Masochismus
- neigt zu Drogen, um sich zu betäuben

Reaktionen in Friedenszeiten

Ängstliche Skeptiker mögen in guten Zeiten ihre Treue (Familie, Freunde), ihren Arbeitseinsatz, ihr Verantwortungsbewusstsein, ihre Empathie, ihr Mitgefühl, ihren Witz und ihren Intellekt. Rebellische Skeptiker mögen ihren Nonkonformismus, gehen Gefahren mutig entgegen, mögen ihre Direktheit und Bestimmtheit.

Weitere Reaktionen:

- akzeptiert seine Ängste
- agiert mutig und selbstbewusst
- ist kooperativ
- ist anziehend und liebenswert
- ist verlässlich und verantwortungsbewusst
- arbeitet hart
- entwickelt Vertrauen

Teamverhalten

- Er mag Teams mit Orientierung, Klarheit, Verlässlichkeit und Loyalität.
- Er setzt sich für sein Team ein und erwartet es auch von den anderen Teammitgliedern.
- Er will feste Regeln, Aufgaben, Zuständigkeiten und Rollenzuschreibung und hat einen starken Wunsch nach Stabilität.
- Positives Teamplay: hohes Engagement, vor dem Team stehend, beschützend, flexibel, objektiv, vertrauensvoll, warmherzig, übernimmt Verantwortung
- Negatives Teamplay: skeptisch, sehr sorgenvoll, alles stark hinterfragend, vom Schlechten ausgehend, stark subjektiv, provokant – besonders gegenüber Autoritäten

Führungsverhalten

- Sein Führungsstil ist loyal, stabilisierend und vorsichtig.
- Er führt mit Regeln und Plänen.
- Vertrauen ist ihm sehr wichtig.
- Er vertraut inneren Werten und ist intuitiv (Bauchgefühl).
- Er braucht kompetente Teammitglieder.
- Er bevorzugt Mehrheitsentscheidungen, die von allen getragen werden.
- Er kann schlecht Nein sagen.
- Er verlässt sich lieber auf Bewährtes.
- Er ist problemorientiert, daher seine Neigung, skeptisch gegenüber Neuerungen zu sein.
- Er kommunziert hinterfragend.
- Er setzt Dinge lieber selbst um statt zu delegieren.
- Er projiziert seine Unzufriedenheit auf andere.
- Er legt als Advocatus Diaboli den Finger in die Wunde.

9. Der Beobachter

Beobachter lösen Probleme grundsätzlich sachlich mit möglichst wenig Emotionen und Mimik. Dabei gehen sie sehr kooperativ, analytisch-strategisch, diszipliniert und ausdauernd vor. Sie widmen sich einer Sache sehr ausgiebig und gehen dabei in die Tiefe. Ihr Redestil ist eher leise und monoton. Dadurch entsteht der Eindruck von Desinteresse, weil die persönliche Note fehlt und die anderen dies als unangenehm und passiv empfinden. Typische Aussagen sind: „Lass mich in Ruhe (nachdenken)“, „Warum Menschen sich so aufregen“, „Dazu kann ich nichts sagen, da schaue ich lieber noch mal nach“, „Mit höchster Disziplin …“, „Nach reiflicher Überlegung …“. Machtkämpfe entstehen, wenn man ihr Wissen anzweifelt. Sie tun sich schwer mit persönlichen Mitteilungen, wirken deshalb sehr reserviert und unnahbar.

Reaktionen im Konflikt

Beobachter mögen im Konflikt keine endlosen Diskussionen und Streitereien, sondern rationalisieren sofort die vorgetragenen Punkte.

Weitere Reaktionen:

- ist sensibel und empfindsam
- zeigt kaum emotionale Regungen
- wirkt distanziert und unnahbar
- hält Wissen zurück
- macht andere lächerlich
- wird bissig und zynisch
- verfolgt seine Ziele rücksichtslos

Die „12 Apostel“ des Beobachters

Der Beobachter ist erkenntnisorientiert und wurde mit Erkenntnismotivation überentwickelt. „Es ist von Vorteil, viel zu wissen und zu beobachten (Erkenntnis), weil mein Wissen mir eine stetige Orientierung und Klarheit gibt.“

In der Kindheit spielte die Frage nach der eigenen Existenzberechtigung eine Rolle. Sie waren sich nicht sicher, ob sie in der Familie willkommen sind. Entweder, weil sie emotional beherrscht wurden (Gluckenmutter und/oder autoritäre Eltern) oder weil sie das „fünfte Rad am Wagen“ waren. Beides veranlasste sie, in ihre eigene Welt der Gedanken zu fliehen. Daher neigen sie zum Rückzug, um in Ruhe zu lesen und endlich für sich zu sein.

Identität

Beobachter haben eine philosophische, nachdenkliche Ader. Sie wollen alles erforschen, genau wissen und fragen gern: „Warum ist das so?“

Innerer Konflikt

Sie fragen sich: „Wie viel Zeit und Aufwand muss ich aufwenden?“ Sie entwickeln einen gewissen Geiz (Kernproblematik) beim Umgang mit Wissen und Kontrolle.

Die Hauptemotionen im Konflikt: Angst und Scham
Alles Unbegreifliche, nicht Beherrschte macht ihnen Angst. Es ist ihnen buchstäblich unbegreiflich, wie man so sein kann, so reagiert bzw. agiert.

Aufmerksamkeit
Beobachter denken sehr häufig über ihre Ängste und vor allem Anforderungen von außen nach. Ihre größte Angst ist, dass ihre Gedanken und Arbeiten als wertlos angesehen werden. Das macht sie richtig wütend.

Vermeidungsverhalten
Ihre innere Leere besiegen sie durch Wissensdurst. Dies hilft ihnen, sich in der Welt zurechtzufinden.

Abwehrstrategie
Beobachter wehren ihre Angst mithilfe von Isolation und Rückzug ab. Sie ziehen sich dann aus der realen, emotionalen, unruhigen Welt in ihre Privatsphäre und ihre eigenen Gedanken zurück. Der Grund dafür ist, dass sie es als Kind nicht gelernt haben, unabhängig zu sein. Sie wurden zu sehr durch Fürsorge oder durch autoritäre Normen beherrscht.

Bedürfnisse
Sie haben ein ausgesprochenes Bedürfnis, die Welt zu verstehen und zu ergründen. Dafür brauchen sie Freiraum, um nachzudenken und eigene Energien aufzutanken.

Angriffsstrategie
Wissen ist Macht. Sie nutzen ihr Wissen, um Menschen besser anschauen zu können.

Blindheit
Beobachter sind häufig blind für die emotionalen Bedürfnisse ihrer Mitmenschen, besonders wenn es sich um bindende Bedürfnisse handelt. Sie mögen keine Nähe zu Menschen. Sie bleiben z. B. auf Partys gern nur wenige Stunden. Dann sind sie von den Impressionen überreizt, da sie sich alles bewusst machen (müssen). Das ist für das Gehirn sehr anstrengend.

Falle
Sie werden geizig in ihrer Kommunikation, wenn sie sich unsinnig bedrängt fühlen.

Lebensressourcen
Ihre große Stärke ist ihre gute Beobachtungsgabe, ihre herausragende Vorstellungskraft und ihre geschickte logische Argumentationsstrategie. Ihnen entgeht nur sehr wenig. Ihre ruhige und leise Unscheinbarkeit und ihr Wissensdurst machen sie zu guten „Geheimdienstlern“ und Forschern.

Entwicklungspotenzial

Beobachter müssen lernen, sich mit dem Thema Gefühle auseinanderzusetzen. Wenn sie ihre innere Freiheit gewonnen haben, dann können sie sich auf Menschen einlassen und sich erlauben, ihre Gefühle wahrzunehmen. Dadurch sind ihre Beziehungen offener, gefühlvoller und vertrauensvoller. Sie treten dann auch energischer auf, zeigen mehr Profil und gewinnen an Einfluss.

Reaktionen unter Stress

Beobachter geraten unter Stress, wenn man ihnen emotional zu nahe tritt, wenn es zu ungenau und zu allgemein wird. Das Gleiche gilt, wenn man zu viel Spontaneität von ihnen abverlangt.

Weitere Reaktionen:

- wird hektisch
- wirkt arrogant und mürrisch
- wird feindselig und verschroben
- zieht sich zurück
- ist negativ und unberechenbar
- vernachlässigt sein Äußeres

Reaktionen in Friedenszeiten

In guten Zeiten sind Beobachter analytisch, haben Interesse an den Menschen und der Welt, bewahren Ruhe in kritischen Momenten und betrachten das Leben objektiv.

Weitere Reaktionen:

- ist empfindsam und humorvoll
- ist ausdauernd und klug
- ist unabhängig und mutig
- ist verständnisvoll und unvoreingenommen
- ist erfindungs- und ideenreich
- ist freiheitsliebend
- ist allein glücklich

Teamverhalten

- Er mag kluge, wissende, forschende Teams.
- Beziehungen im Team sind die Basis für das gemeinsame Denken und den Wissensaustausch.
- Er favorisiert kleine und selbstmotivierte Expertenteams.
- Positives Teamplay: guter Zuhörer, Wissensaustausch, humorvoll mit Hintergrund, neugierig, auf das Wesentliche fokussiert, emotional
- Negatives Teamplay: verschlossen, distanziert, keine verbale Kommunikation, schnell reizüberflutet und zieht sich dann zurück, unterkühlt, herablassend, bestimmend

Führungsverhalten

- Sein Führungsstil baut auf Strategien, Wissen, Überblick und Vernunft auf.
- Er agiert ruhig, verlässlich, sachlich, beratend, supervidierend, emotional distanziert.
- Aufrichtigkeit, Objektivität, Sicherheit, Glaubwürdigkeit, Fokussierung und Sachlichkeit sind ihm sehr wichtig.
- Er überdenkt und bedenkt alle Entscheidungen genau. Sie müssen richtig und angemessen sein.
- Er agiert in Gesprächen ruhig und objektiv fragend.
- Er beobachtet seine Teammitglieder.
- Er ist fortschrittlich orientiert, daher offen für Neues.
- Er ist selbstverantwortlich und handelt selbstmotiviert.
- Besprechungen finden hinter verschlossenen Türen statt.
- Er zeigt wenig Emotionen, wenig Freude.

Drei Beispiele für die Interaktion von Charakteren

Um einen Eindruck zu geben, wie die Charaktere im Teamplay und im Teamwork miteinander agieren, mögen drei Charakterplays als Beispiel dienen. Im Fokus steht der Helfer, kombiniert mit drei weiteren Charakteren. Alle vier Charaktere sind aus meiner Erfahrung in Kindergärten sehr häufig anzutreffen. Zudem ist der Helfer der beste Vertreter der Beziehungsmotivation und glaubhafter Ausdruck sozialer Organisationen. Er ist zugleich ein Charaktertyp, der durch eine Reformstrategie der Überentwicklung in der Erziehung geformt wurde.

Die drei Charakterkombinationen sind:

1. der Helfer mit einem Optimisten (reformierter Erziehungsstil),
2. der Helfer mit einem Perfektionisten (reformierter Erziehungsstil),
3. der Helfer mit einem Friedliebenden (blockierter Erziehungsstil).

Weitere Charaktere, die dichtauf folgen, sind Individualisten und Skeptiker, Kämpfer eher bei Kindergartenleitungen. Der Macher taucht eher selten auf. Im Kindergarten gibt es an Statussymbolen wenig zu holen. Es ist auffällig, dass der reformierte Erziehungsstil sich im Kindergarten am stärksten wiederfindet. Das Augenmerk liegt logischerweise auf die Erziehung der Kinder. Das zweite Hauptaugenmerk sollte sich, stringenter Logik und den Ergebnissen der Neurobiologie (Charakterprägung) folgend, insbesondere auf die Eltern richten. Sie sind die Hauptbezugspersonen ihrer Kinder und prägen diese. Ein Kindergarten mit einem Seminarraum für Eltern scheint zwingend ratsam. Das gilt ebenso für das Teamplay zwischen Führungsperson und Teammitgliedern.

Charakterkombination 1

Der Helfer (3) und der Optimist (7)

So geht's zwischen Helfer und Optimist

- Beide bringen ihre Talente und ihre Potenziale ins Teamwork. Beide haben enorme Stärken, u. a. ihre Neugierde und Freude am Menschen. Sie mögen Kontakte, mögen das humane Teamplay und vermitteln es gern durch Freude und Geschichten aus dem Leben. Es kann in dieser Kombination sehr lustig und erfolgreich werden. Beide Charaktere können nicht allein sein und mögen keine Langeweile, insbesondere der Optimist mag Letzteres nicht. Das fördert das Teamplay.

- Der Helfer unterstützt den Optimisten bei seinen Plänen, indem er sie praxisfähig konkretisiert und aktiv im Teamwork mit umsetzt. Wenn ein aktives, kreatives und effizientes Projektteam gesucht wird, auch zeitlich begrenzt, dann bietet sich diese Kombination an.

- Der Helfer kann die tiefere Seite des Optimisten erkennen und ihm in der Selbstentwicklung helfen. Der Optimist kann den Helfer dazu motivieren, seine Bedürfnisse zu artikulieren und zu leben, das Leben zu leben und nicht nur für andere da zu sein („Carpe diem").

- Beide müssen ihr Teamwork und ihr soziales Teamplay im Detail konkretisieren. Beide neigen dazu, es nicht zu tun. Das kann zu Missverständnissen führen und die Teamprojekte gefährden, auch zeitlich.

- Der Helfer lebt in seiner *Ein*stellung und im Zeitgefühl mehr in der Realität und in einem angepassten, flexiblen Rhythmus, da kann auch konkret geholfen werden. Dazu muss er sich anpassen können, wie der Herzschlag.

  Der Optimist lebt mehr in der Zukunft, in seinen traumhaften Visionen und positiven *Vor*stellungen. Er empfindet die Zeit schneller und fließend, sonst hat er das Gefühl, es wird langweilig.

So geht's **nicht** zwischen Helfer und Optimist

- Der Helfer fühlt sich nicht genug für seine Unterstützung wertgeschätzt und wirft dem Optimisten Undankbarkeit vor, weil der Optimist schon die nächsten Projekte skizziert und sowieso alle Ideen seine waren.

- Klassisches Missverständnis zwischen den beiden: Der Helfer glaubt, die Erzählung einer Idee sei schon das neue Projekt und man könne bzw. solle bald loslegen. Das muss aber nicht so sein. Eine Idee ist für einen Optimisten eine Idee, die man auch schnell wieder verwerfen kann.

- Der Helfer ist logischerweise von Effizienz abhängig. Die Ideenwelt und Träume eines Optimisten hält er daher schnell für ineffizient.

- Der Optimist überlässt am Ende eines Projektes die letzten 10 – 15 % der Restarbeiten gern den Teammitgliedern. Da kommt leicht der Gedanke des Ausgenutztwerdens auf, was den Optimisten als Vorwurf wiederum überrascht.

- Beide sind starke Motivatoren und könnten darum streiten, wer der bessere und nützlichere Part im Projekt war. Praxis und Idee liegen dann miteinander im Clinch. Der Optimist ist sehr elegant in seinen Worten in der Darstellung des Projekts, gern mit einer Prise Humor und Geschichten. Das kann den Stolz des Helfers verletzen, wenn er seinen eigenen nicht genug gewürdigt sieht, auch wenn der hinterher sagt: „Dafür nicht!". Sagen Sie trotzdem: „Danke!"

- Der Helfer neigt in der Beziehung zum Klammern. Er hat Verlustängste. Durch die stetige Hilfe und das Aussenden von Hilfsangeboten (Überlebensstrategie) kann er die Beziehung sichern. Das widerspricht elementar dem Freiheitsdrang eines Optimisten. Der könnte sich leicht bevormundet und eingesperrt fühlen. Er verlässt dann die Beziehung, sprich die Arbeitsgruppe bzw. das Team.

- Der Optimist ist im ersten Schritt keine Führungsperson und zeigt durchaus narzisstische Züge. Der Helfer hingegen orientiert sich an Führungspersonen, will sie unterstützen und ist liebend gern Berater bzw. agiert gern als stellvertretende Führungsperson. Das kann zu einem Führungsvakuum im Team führen.

Charakterkombination 2

Der Helfer (3) und der Perfektionist (4)

So geht's zwischen Helfer und Perfektionist

- Der Helfer und der Perfektionist sind ein Team der Solidarität, der Verlässlichkeit, der Qualität, der Fairness und des Respekts und beide stehen dafür, dass man die Dinge gut zu Ende bringt. Sie sind ergebnis- und praxisorientiert. Das macht sie zu einem sehr erfolgreichen Gespann.

- Der Perfektionist ist ein Reformer, mit konkreten wie praktischen Ansätzen, auch ideellen, aber sie müssen machbar sein. Die Lebenswelt und der Mensch sollen sich entwickeln, sich perfektionieren durch Fehlervermeidung und durch Lernen. Das denkt auch der Helfer. Es gibt nur zwei Strategien: Der Perfektionist reformiert durch Selbstverantwortung, der Helfer durch Support, quasi mit Fremdverantwortung.

- Beide handeln verantwortungsbewusst, fachlich hochwertig, wissend, strukturiert und können Prozesse mit Inhalten verbinden. Der Perfektionist steht für das Gütesiegel „Made in Germany" und der Helfer für „Das Rote Kreuz".

- Sie können beide im Teamwork ihre (privaten) Bedürfnisse zurückstellen. „Das machen wir erst fertig, dann ..." Überstunden werden gemacht, wenn es das Projekt erfordert.

- Beide mögen Schmeicheleien und Lob. „Das war perfekt! Alles in Perfektion!" für den Perfektionisten oder „Das war sehr hilfreich. Danke!" für den Helfer.

  Interessant, wie widersprüchlich in diesem Kontext der Danksagung und Lobsagungen Folgendes ist: Der Perfektionist lobt wenig („Lob ist, wenn ich nicht kritisiere!") und der Helfer kann scheinbar Lob schlecht annehmen („Ach, dafür nicht!").

- Der Helfer achtet auf das Image eines Teams wie auf sein eigenes und kann zudem sehr gut ein soziales wie effektives Netzwerk aufbauen, mit gegenseitigen Geben und Nehmen, u. U. mit Günstlingen und nützlicher Günstlingswirtschaft („Der ist mir noch einen Gefallen schuldig.").

  Das kann der Perfektionist so nicht. Er ist eher moralisch als sozial unterwegs und lehnt Vetternwirtschaft folglich ab, außer wenn es der Sache dient. Warum nicht?! Offiziell weiß er davon natürlich nichts. Mit einem Augenzwinkern wird zusammen das eigene Projekt auf diese Art und Weise gefördert oder auch anderen geholfen, damit deren Projekt weitergehen kann. Die sogenannte unbürokratische Hilfe ist durchaus möglich, aber nie unmoralisch. Das wäre in Kombination zwischen Helfer und Kämpfer bzw. Macher durchaus anders.

So geht's **nicht** zwischen Helfer und Perfektionist

- Das Hauptproblem zwischen beiden ist, dass der Perfektionist sehr kritisch und sachlich ernst agiert und das sich auch in der Mimik widerspiegelt. Das ist dem Helfer zu unterkühlt. Er braucht Gefühle und Emotionen. Für den einen ist das Gefühlsduselei („Mach lieber deinen Job!"), für den anderen ist Perfektion (Pedant) zu steif, zu frostig, zu technisch und es fehlt an sozialer Kuschelwärme: „Schrecklich. Alles muss immer perfekt und strukturiert sein. Du bist immer so ernst. Lächel doch mal und lass alle Fünfe gerade sein." Der Albtraum eines Perfektionisten beginnt, denn Ungerades zerstört die Ordnung. Keiner fühlt sich vom Zufall so gegeißelt und irritiert wie der Perfektionist.

- Beide lassen sich ungern helfen, außer sie fragen danach. Der eine ist der beste perfekte Berater und Reformer. Der andere der Helfer, der immer da und stark ist. Wieso sollte man da andere brauchen?

- Übertreiben es beide mit ihren Charaktermustern und wird das Teamplay negativ, dann stehen sich Jammerer und Meckerer gegenüber. Ungebremste Gefühlsäußerungen treffen auf ständiges Benennen von Fehlern. Beide agieren dann mit Zorn und Ärger. Das Traumpaar der Solidarität und Perfektion agiert mit Vorwürfen („Du hast …, Du bist …"), wenig Spontaneität (Sturheit), es wird laut. Das Sichere wird unsicher. Der Helfer wird mit „Du bist undankbar und einengend" beschimpft und der Perfektionist mit „Du bist erbarmungslos und gefühlskalt."

- Der Helfer rächt sich in der Krisenlage mit ständigen Regelverletzungen, weil er weiß, dass er damit den Perfektionisten am besten auf die Palme bringt. Der Perfektionist rächt sich mit eisigem Schweigen, arbeitet nur noch allein und spricht noch härtere und knappere Fehlerkommentierungen aus.

- Beide neigen zu depressiven Verstimmungen: der Perfektionist, wenn nichts mehr klappt und die Teamwelt aus den Fugen gerät, und der Helfer, wenn die perfekte sichere Welt ihm gleichzeitig zeigt, dass er seine eigenen Bedürfnisse jetzt leben kann. Da er sich nicht traut, das zu tun, erlebt er zeitgleich eine innere Traurigkeit. Das passiert dann auch im perfekten Team.

- Obwohl der Perfektionist gern kritisiert, ist er zugleich sehr kritiksensibel. In der Emotion und im Streit bzw. Konfrontation persönlich Gesagtes nimmt er mit in seinen Schlaf und grübelt darüber nach, warum der andere genau das gesagt hat. Das stimme doch gar nicht. Der Helfer nimmt Kritik emotional sehr persönlich. Die sachliche Vernunft und die soziale Emotion. Jeder ist auf seinem Gebiet sehr sensibel.

Charakterkombination 3

Der Helfer (3) und der Friedliebende (5)

So geht's zwischen Helfer und Friedliebendem

- Beide repräsentieren die Freude am Leben: Harmonie, Herzlichkeit, empathisches Verständnis und Gewaltlosigkeit. Was sich auch darin ausdrückt, dass sich beide ungern streiten und eine gewisse Harmonie anstreben. Sie gehen fürsorglich miteinander um, äußern Lob und Anerkennung, achten auf eine gute, wohlige Stimmung.

- Beide sind im ersten Schritt keine Führungspersonen, aber sehr verlässliche Partner, wenn sie ihre Aufgabe fachlich umsetzen können, eine klare Struktur haben und detailliert wissen, was genau zu tun ist bzw. , was von ihnen verlangt wird.

- Bedürfnisse anderer zu berücksichtigen, ermöglicht ein Teamwork Hand in Hand, das abgestimmt auch nonverbal hervorragend funktioniert. Der Helfer kann dabei vorangehen und Prioritäten setzen. Er muss sie aber dem Friedliebenden mitteilen und mit ihm diskutieren.

- Sehr wichtig ist, dass Ziele übereinstimmen und sie sich über Ehrgeiz, Bedürfnisse des anderen ausgetauscht haben und insbesondere der Friedliebende seine Potenziale beständig einsetzt und es will.

- Wenn es gut zwischen den beiden als Team läuft, dann bringen sie die Arbeit zum Abschluss und agieren in der vorgegebenen Zeit. Sie agieren loyal, energetisch, unauffällig und strukturiert.

So geht's **nicht** zwischen Helfer und Friedliebendem

- Beide haben nie wirklich gelernt, ihre Bedürfnisse zu leben und zu äußern. Der Helfer ist zu sehr für andere da und der Friedliebende wird äußerst störrisch, stur und passiv, um auszudrücken, was er möchte, besser gesagt, was er nicht möchte.

- Problematisch wird es, wenn der Helfer zu sehr führen muss und bemerkt, dass der Friedliebende nicht alles in der Arbeit gibt. Das passiert, wenn der Friedliebende zu passiv und zu wenig ehrgeizig agiert. Der Helfer muss dann alles vorgeben und ist gezwungen, seine Bedürfnisse zu äußern. Der Friedliebende fühlt sich dann gegängelt, kontrolliert und bevormundet, will am liebsten das Vorgegebene erst einmal ausdiskutieren, übernimmt aber nur wenig bis keine Aktionsführung („Man kann auch langsamer arbeiten."). Das macht den Helfer aus Enttäuschung wütend und er empfindet das Verhalten als undankbar. Der Friedliebende agiert aufgrund der Wut noch sturer und fühlt sich fremdbestimmt, unverstanden und kontrolliert. Die Harmonie ist dahin.

- In der Folge werden sich beide in ihren Entwicklungspotenzialen ausbremsen, anstatt den Weg der Selbstentwicklung zu gehen, hier: Bedürfnisse leben und Ressourcen/Potenziale trainieren.

- Der Friedliebende kann sich schlecht entscheiden und wirkt dann träge. Das ist für einen aktiven Helfer schon eine Herausforderung, vor allem im Zeitgefühl. Der Friedliebende agiert in der Regel gern ruhiger. Der Helfer agiert zwar im Rhythmus der Gegenwart, aber die Hilfe kann schon mal schneller und aktiver vonnöten sein.

5 Das Teamklima

Die klimatischen Bedingungen, die – wie die Klimazonen – in einem Team und um ein Team herum sind, können sehr unterschiedlich sein. Erst ist die Wetterlage konstant, dann wieder wechselhaft. Manchmal genießen alle die Sonnentage, bevor erwartet/unerwartet ein Gewitter aufzieht. Bleibt es herbstlich regnerisch bis stürmisch? Wie beim Wetterbericht sind die Vorhersagen schwierig. Ebenso wie Meteorologen die Bedingungen von Wetterlagen erkunden und aus den Daten Rückschlüsse für Vorhersagen treffen, ist es auch für Teams von Vorteil, die Bestandteile der inneren Wetterlagen zu erkennen: Was macht ein Team erfolgreich? Wie kann eine Teamsonne für warme Temperaturen und eine Hochwetterlage sorgen? Woraus besteht das Teamhoch? Wann gerät ein Team in einen Sturm? Und wie stark ist der Tiefausläufer?

Die Bedingungen des eigenen Teamklimas zu erkennen und zu erforschen, z. B. in welcher konstanten Klimazone man zusammen agiert, bringt konkrete Erkenntnisse für die Analyse der Teamwetterlage. Deshalb ist eine Umfrage wie das Abbild einer Teamwetterkarte.

Ebenso ist es bedeutend, wie das Wetter persönlich beurteilt wird – dem einen ist es zu heiß, dem anderen zu kalt. Bei einer Umfrage kommen unterschiedliche Wahrnehmungen und Bewertungen ans Licht. Die unterschiedlichen Facetten der Klimazone im Team zeigen sich anschließend sehr schnell.

Bei einer Umfrage sind folgende Aspekte wichtig:

- Was bewerte ich als wahr?
- Habe ich den Mut, meine Meinung zu sagen?
- Wie wird das Ergebnis aufgefasst werden?

- Wird das Resultat bei dem einen oder anderen emotional hängen bleiben?
- Wie reagiert mein Kollege?
- Wie reagiert die Führungsperson?
- Habe ich mit Sanktionen (z. B. Kommunikations- oder Kontaktabbruch) zu rechnen, z. B. aus Enttäuschung, wenn ich sage, was ich denke und fühle?

Niemandem fällt es leicht, zu kritisieren bzw. kritisiert zu werden. Kritik ist gelegentlich schwer zu ertragen, für manche gilt das auch bei positiver Kritik. Jedem sollte bewusst sein, dass für die Verbesserung der Teamarbeit eine ehrliche und authentische Bestandsaufnahme sehr wichtig ist. Sind die Ergebnisse verfälscht, werden sich ebenso die Diskussion sowie mögliche Lösungswege verfälschen. Das Schöndenken ist wie absichtliches Schlechtdenken kein guter Berater. Wenn man sich kaltes Wetter zu warm denkt, kleidet man sich nicht entsprechend und wird frieren.

Die Befragung „Teamklima" gliedert sich in drei Teile:

1. Aktuelle Teamsituation
2. Teampotenziale
3. So geht's (Optionen und Anregungen zur Verbesserung des Teamklimas)

Die Befragung ist anonym und sollte innerhalb einer Woche durchgeführt werden. Wird der Fragebogen zuhause bearbeitet, sollte dies mit ein bis anderthalb Stunden als Arbeitszeit gelten. Die Arbeitnehmervertretung sollte der Befragung zustimmen und diese unterstützen.

Es ist wichtig, den Fragebogen ehrlich auszufüllen. Dabei liegen die Verantwortung und der Mut bei dem Befragten.

Beleidigungen sind nicht gestattet. Ebenso sollte nichts hinzugedichtet (vom Hörensagen) oder verschwiegen werden (Angst vor Sanktionen).

Nach der Befragung sollten die Ergebnisse präsentiert und im Team besprochen werden. Ebenso das Fazit sowie die Einleitung erster Schritte zur Verbesserung des Teamklimas.

Auf der Internetseite **www.teamklima.info** können Sie die folgende Befragung online durchführen und erhalten eine anonyme Gesamtauswertung der Ergebnisse im PDF-Format und in übersichtlichen Grafiken. Der Test ist kostenpflichtig *(→ siehe auch Anhang)*.

Teamklima 1: 55 Aspekte Seite 1

Der Fragebogen kann auch zur Selbstanalyse verwendet werden.

	Unser Team agiert	+ ← 1	2	3	4	5	→ – 6	Unser Team agiert
1	leidenschaftlich/aktiv	○	○	○	○	○	○	lustlos/passiv
2	ehrgeizig/leistungswillig	○	○	○	○	○	○	nach Vorschrift
3	motiviert	○	○	○	○	○	○	demotiviert
4	willensstark	○	○	○	○	○	○	willensschwach
5	charakterstark	○	○	○	○	○	○	charakterschwach
6	hilfsbereit	○	○	○	○	○	○	egoistisch
7	lernbereit/neugierig	○	○	○	○	○	○	ängstlich/stur/bewahrend
8	mit Teamgeist	○	○	○	○	○	○	ohne Teamgeist
9	bei Kritik sachlich	○	○	○	○	○	○	bei Kritik persönlich
10	mit hohem Selbstvertrauen	○	○	○	○	○	○	ohne Selbstvertrauen
11	loyal	○	○	○	○	○	○	illoyal
12	diszipliniert	○	○	○	○	○	○	undiszipliniert
13	optimistisch	○	○	○	○	○	○	pessimistisch
14	konzentriert	○	○	○	○	○	○	abgelenkt
15	konstruktiv	○	○	○	○	○	○	destruktiv
16	handlungsstark	○	○	○	○	○	○	handlungsschwach
17	nervenstark	○	○	○	○	○	○	nervenschwach
18	eigeninitiativ	○	○	○	○	○	○	abwartend
19	entscheidungsstark	○	○	○	○	○	○	entscheidungsschwach
20	strukturiert	○	○	○	○	○	○	unstrukturiert
21	mutig	○	○	○	○	○	○	zaghaft

© Verlag an der Ruhr | So klappt's im Kita-Team | Autor: Heiko Hansen | ISBN 978-3-8346-2531-1 | www.verlagruhr.de

Teamklima 1: 55 Aspekte Seite 2

	Unser Team agiert	+ 1	2	3	4	5	– 6	Unser Team agiert
22	in freudiger Stimmung	○	○	○	○	○	○	in missmutiger Stimmung
23	ausgleichend	○	○	○	○	○	○	provozierend
24	neugierig, innovativ	○	○	○	○	○	○	ängstlich, konservativ
25	mit schneller Konfliktklärung	○	○	○	○	○	○	mit langsamer Konfliktklärung
26	mit effektiver Kommunikation	○	○	○	○	○	○	mit uneffektiver Kommunikation
27	lobend	○	○	○	○	○	○	kritisierend
28	respektvoll	○	○	○	○	○	○	respektlos
29	selbstbestimmt	○	○	○	○	○	○	fremdbestimmt
30	konsequent	○	○	○	○	○	○	inkonsequent
31	mit hoher fachlicher Kompetenz	○	○	○	○	○	○	mit geringer fachlicher Kompetenz
32	mit hoher sozialer Kompetenz	○	○	○	○	○	○	mit geringer sozialer Kompetenz
33	mit stabiler Emotionssteuerung	○	○	○	○	○	○	mit instabiler Emotionssteuerung
34	führungsstark	○	○	○	○	○	○	führungsschwach
35	belastbar	○	○	○	○	○	○	nicht belastbar
36	mit guter Arbeit unter Druck	○	○	○	○	○	○	mit schlechter Arbeit unter Druck
37	mit vertrauensvollem Teamplay	○	○	○	○	○	○	mit gegeneinander Ausspielen/Intrigen
38	mit einem Vertrauensverhältnis zwischen Team und Führung	○	○	○	○	○	○	mit Misstrauen zwischen Team und Führung
39	mit Teamvertrauen in die Führungsqualitäten	○	○	○	○	○	○	mit Misstrauen in die Führungsqualitäten
40	in Diskussionen und Meetings sachlich und ruhig	○	○	○	○	○	○	in Diskussionen und Meetings unsachlich, zu emotional

© Verlag an der Ruhr | So klappt's im Kita-Team | Autor: Heiko Hansen | ISBN 978-3-8346-2531-1 | www.verlagruhr.de

Teamklima 1: 55 Aspekte Seite 3

	Unser Team agiert	+ 1	2	3	4	5	– 6	Unser Team agiert
41	durch kooperativen Austausch mit Eltern	○	○	○	○	○	○	durch unkooperativen Austausch mit Eltern
42	erfolgreich	○	○	○	○	○	○	erfolglos
43	selbstkontrolliert	○	○	○	○	○	○	impulsiv
44	in stabilen Stimmungen	○	○	○	○	○	○	in sehr wechselhaften Stimmungen
		+ 1	2	3	4	5	– 6	
45	Wir hören uns gerade in Konflikten genau zu.	○	○	○	○	○	○	Wir hören uns gerade in Konflikten ungern zu.
46	Wir erreichen unsere Ziele konsequent.	○	○	○	○	○	○	Wir erreichen unsere Ziele nicht.
47	Ich fühle mich wohl und sicher im Team.	○	○	○	○	○	○	Ich will das Team verlassen, weil ich mich unwohl fühle.
48	Ich präge das Team mit.	○	○	○	○	○	○	Ich bin Außenseiter im Team.
49	Unsere Entscheidungen werden vernünftig getroffen.	○	○	○	○	○	○	Unsere Entscheidungen sind eher unvernünftig.
50	Wir managen unsere Bedürfnisse sehr gut.	○	○	○	○	○	○	Unsere Bedürfnisse werden blockiert und ignoriert.
51	Unter Druck halten wir zusammen.	○	○	○	○	○	○	Unter Druck brechen wir auseinander.
52	Bei Problemen sind wir empathisch und analysieren detailliert.	○	○	○	○	○	○	Bei Problemen agieren wir mit Vorwürfen und Schuldzuweisungen.
53	Wir haben ein positives Teamplay der Stärken und des Lobes.	○	○	○	○	○	○	Wir haben ein negatives Teamplay mit Machtkämpfen und Neidverhalten.
54	Notwendige Reformen werden aktiv von unserer Führung gemanagt.	○	○	○	○	○	○	Notwendige Reformen werden von unserer Führung blockiert.
55	Wir haben einen positiven Umgang mit Fehlern mit Lerneffekt.	○	○	○	○	○	○	Wir reagieren mit Vorwürfen, Zorn und Vorhaltungen bei Fehlern.

© Verlag an der Ruhr | So klappt's im Kita-Team | Autor: Heiko Hansen | ISBN 978-3-8346-2531-1 | www.verlagruhr.de

Teamklima 2: Meine Hauptrolle im Team

Wie definieren Sie Ihre Hauptrolle im Team? (nur 1 Kreuz)

☐ kreativ/Individualist	☐ Macher/erfolgreich	☐ Helfer
☐ Perfektionist/Reformer	☐ friedlich-schlichtend	☐ Kämpfer/Boss
☐ Optimist/Motivator	☐ Skeptiker/Kritiker	☐ Beobachter/Stratege
☐ Außenseiter	☐ Spaßvogel/Komödiant	☐ andere Rolle

Teamklima 3: Die Hauptprobleme im Team

Die Hauptprobleme im Team aus meiner Sicht sind (bis zu 5 Kreuze):

☐ Dienst nach Vorschrift	☐ fehlende fachliche Kompetenz	☐ fehlende soziale Kompetenz
☐ Machtspiele	☐ Neid und Eifersucht	☐ schlechte Kommunikation
☐ ungelöste Konflikte	☐ Interessen sind unterschiedlich	☐ differente pädagogische Ansätze
☐ Angst	☐ Mutlosigkeit	☐ schlechte emotionale Steuerung
☐ private Probleme	☐ Teamregeln werden kaum eingehalten	☐ inkonsequentes Verhalten
☐ Desinteresse an den anderen	☐ Orientierungslosigkeit	☐ Misstrauen
☐ Führungsschwäche	☐ zu viele Projekte	☐ schlechte Fitness
☐ Burnout	☐ wenig Selbstverantwortung	☐ Schuldzuschreibungen
☐ Angst vor Veränderungen	☐ Cliquenbildung	☐ Entscheidungsschwäche
☐ kein Durchhaltevermögen	☐ zu wenig Ehrgeiz	☐ innere Kündigung

© Verlag an der Ruhr | So klappt's im Kita-Team | Autor: Heiko Hansen | ISBN 978-3-8346-2531-1 | www.verlagruhr.de

- ☐ häufige Personalwechsel
- ☐ Schuld als Ablenkungsmanöver
- ☐ geringe Eigenmotivation
- ☐ geringe Unterstützung
- ☐ geringe positive Selbststimmung (Freude)
- ☐ hoher Krankenstand

Persönliche und erklärende Worte zur Teamstimmung und den Hauptproblemen:

Teamklima 4: Teampotenziale

Das sind unsere Teamstärken! Bitte 5 Aspekte benennen!

Das zeichnet uns fachlich aus! Bitte 5 Aspekte benennen!

Das zeichnet uns charakterlich aus! Bitte 5 Aspekte benennen!

In diesen Punkten sollten/müssen wir unsere Potenziale erweitern! (Lernthemen)

© Verlag an der Ruhr | So klappt's im Kita-Team | Autor: Heiko Hansen | ISBN 978-3-8346-2531-1 | www.verlagruhr.de

Teamklima 5: So geht's!

Das muss sich unbedingt verändern, damit unser Teamplay besser funktioniert:

____

____

____

____

____

Das muss unsere Teamführung verändern:

____

____

____

____

____

Hierin muss ich mich verändern:

____

____

____

____

____

Wir benötigen einen Coach/Mediator.

☐ Ja ☐ Nein

Gehen Sie den Weg der Veränderung AKTIV und SELBSTVERANTWORTLICH mit, um Ihr Teamplay zu optimieren?

☐ Ja ☐ Nein

© Verlag an der Ruhr | So klappt's im Kita-Team | Autor: Heiko Hansen | ISBN 978-3-8346-2531-1 | www.verlagruhr.de

6 Teamglaube und Teamvertrag

Teamglaube

Jedes Team muss an sich glauben und von sich und seiner Identität überzeugt sein. Der „innere Glaube" bzw. die Glaubenssätze erzeugen Authentizität und wirken bindend, überzeugend und festigend. Jeder Glaube ist auch eine Leitlinie für Entscheidungen und die mentale Ressource für das Handeln. Jeder Mensch, jede Familie und jedes Team verfügt über eine hohe Zahl von Glaubenssätzen.

Ohne Überzeugungen würde man sich nicht bewegen. Es fehlen das innere Gefühl, das zum Handeln antreibt und der Gedanke, das Richtige zu tun. Mangelt es daran, sind die Folgen u. a. Passivität, Machtlosigkeit und Orientierungslosigkeit. In Kombination mit Erstarrung durch Ängste und unkontrollierter Wut oder Traurigkeit entwickelt sich kein Selbstwertgefühl. Statt über ein ressourcenvolles Identitätsgefühl zu verfügen, wird nach Erlebnissen gesucht, um den negativen Glaubenssatz zu bestätigen. Das gilt auch für positive Glaubenssätze. Der einfache Grund ist: Das ist eine effektive Überlebensstrategie. Es ist einfacher, ein Glaubenssystem zu bestätigen, auch wenn es falsch zu sein scheint, als den bestehenden Glauben zu hinterfragen oder sich gar ein neues Glaubenssystem bilden zu müssen. Besser ein falscher Glaube als gar keiner – denn ein neuer Glaube ist nur schwer zu verinnerlichen (→ *siehe auch Kapitel 1*).

Viele Wege lassen einen Glaubenssatz entstehen und festigen:

- Jeder Glaubenssatz besteht aus einem Teil subjektiv und einem Teil objektiv ausgewerteter **Lebenserfahrung.** Diese Lebenserfahrung gibt für Entscheidungen eine schnelle Orientierung vor. Ebenso unterstützt sie bei richtigen und wichtigen Handlungen sowie bei Verhaltensweisen in zwischenmenschlichen Begegnungen.

- Glaubenssätze orientieren sich an der definierten **Identität** (Selbstdefinition) und an daran gebundenen Werten (u. a. Freiheit, Kreativität, Erfolg, Perfektion, Hilfsbereitschaft).
- Glaubenssätze sind machtvolle **Wegweiser** für Handlungen und Denkart. Sie bestimmen eigene Motivationen, eigene Interessen und für welche Ziele und Wege man sich entscheidet.
- Daraus resultieren **Normen und Regeln** sowie der eigene Anspruch an Qualität, Führung, Teamwork etc.
- Initiiert werden Glaubenssätze durch die Eltern, Familie und soziale Gruppen, wie Freunde und Institutionen. Aber auch durch das Individuum selbst, z. B. wenn man Erfahrungen auswertet, aktuelle Glaubenswerte hinterfragt oder sich neu orientiert. Alle Menschen einer Gruppe orientieren sich an einer **gemeinschaftlichen Absprache.** Manche vertreten die Gruppe stärker (z. B. Fans leben dies intensiv), andere verlassen die Gruppe ohne hohe emotionale Anteilnahme. Sie begeben sich anschließend auf die Suche nach einer neuen Gruppe: „Im neuen Team fühle ich mich wohler. Dort kann ich mich mit der Denkweise und dem pädagogischen Ansatz besser identifizieren. Das motiviert mich wirklich!"

Menschen mit wenig Halt und Orientierung sowie nicht zum Charakter passenden Glaubenssätzen haben das Gefühl, im Nebel zu stehen. Man sieht keine Ziele und keine Wege. Sie sind mit dem Leben unzufrieden. Die Atmosphäre ist kühl, man fühlt sich extrem unwohl und verunsichert. Eventuell keimt die Hoffnung auf, dass sich der Nebel schnell verziehen möge. Das erleben auch Teams, die schlecht funktionieren. Sie werden oft von Führungspersonen geführt, die charakterlich, charismatisch und emotional für die Aufgabe nicht geeignet sind. Das kann von ihrer fachlichen Eignung durchaus unabhängig sein. Die Führungsperson ist entscheidungsschwach, sie agiert passiv, abwartend und wenig konsequent. Die Passung stimmt nicht.

Positive Teamglaubenssätze unterstützen und bewegen den Zusammenhalt eines Teams. Ein Teamvertrag ermöglicht eine lebendige Fokussierung und Ausrichtung der wichtigsten Glaubenspunkte und daraus resultierenden Überzeugungen und Handlungsstrategien. Das ist für die Teambindung und den Erfolg eines Teams enorm wichtig.

Liest man das Wort *Nebel* rückwärts, entsteht das Wort *Leben*. Wer nach vorn geht, kann sein Leben gestalten. Außerdem sind alle unsere Sinnesorgane sowie Beine und Arme nach vorn ausgerichtet. Wer im Leben rückwärtsgeht, erlebt sich eher im *Nebel*. Es lohnt sich, das *Leben* nach vorn auszurichten.

Wenn Teams nicht funktionieren, liegt das oft an fehlenden gemeinsamen Glaubenssätzen.

Unser Teamglaube Seite 1

1. Schildern Sie zu Beginn die belastende Teamsituation genau: Worum geht es detailliert?

2. Welcher Glaubenssatz steuert und stabilisiert diese Situation? Sind es ggf. mehrere Glaubenssätze, auch von mehreren Personen?

3. Von wem wurde der Glaubenssatz des Teams erlernt bzw. übernommen oder wurde der Glaubenssatz aus dem Team heraus definiert, z. B. durch eine Erfahrung?

4. Welche positiven Ziele und Absichten sind mit dem Glaubenssatz verbunden? Was gewinnt man aus dem Glaubenssatz?

5. Welche positiven Erfahrungen wurden mit dem Glaubenssatz gemacht, auch in Problem- und Konfliktsituationen? Welche Vorteile ergeben sich daraus?

© Verlag an der Ruhr | So klappt's im Kita-Team | Autor: Heiko Hansen | ISBN 978-3-8346-2531-1 | www.verlagruhr.de

Unser Teamglaube Seite 2

6. Welche negativen Erfahrungen wurden mit dem Glaubenssatz gemacht?
Was verhindert bzw. blockiert der Glaubenssatz?

7. Was lässt Sie an der Richtigkeit des Glaubenssatzes zweifeln, wenn Sie die Folgen aus Frage 6 bedenken?

8. Wie lautet der veränderte bzw. neue Glaubenssatz, der das Team effizienter macht?
Woran müsste das Team wirklich und wirksam glauben, um sich positiv zu steuern und zu agieren?

9. Welche Vorteile sind mit dem neuen Glaubenssatz verbunden, gerade in Problemsituationen?
Welche neuen Erfahrungen werden möglich?

10. Welche Werte und Überzeugungen sind mit dem Glaubenssatz verbunden?

© Verlag an der Ruhr | So klappt's im Kita-Team | Autor: Heiko Hansen | ISBN 978-3-8346-2531-1 | www.verlagruhr.de

Unser Teamglaube Seite 3

11. Welche konkreten Regeln und Verhaltensweisen folgen aus dem neuen Glaubenssatz?

12. Welche Auswirkungen wird der neue Glaubenssatz auf die Kooperationen mit Eltern haben? Welche Langzeiteffekte sind zu erwarten?

13. Sind Sie bereit, den neuen Glaubenssatz selbstverantwortlich umzusetzen und andere Teammitglieder dazu zu motivieren, dies auch zu tun?

☐ Ja ☐ Nein

Aufgabe: Erstellen Sie für Ihren neuen Glaubenssatz einen mentalen Film, wie der neue Glaube Ihr Leben positiv verändert und Neues ermöglicht. Fühlen Sie intensiv, wie gut es sich anfühlt und wo in Ihrem Körper es besonders zu spüren ist und sich von dort aus auf den ganzen Körper ausbauen mag. Hören Sie, wie sich der Glaubenssatz oder die neue Möglichkeit anhört.

14. Beantworten Sie die nachfolgenden Fragen jeweils auf einer Skala von 1 (niedrig) bis 10 (hoch):

Wie intensiv ist die Veränderung? ______

Wie gut konnten Sie den Mentalfilm visualisieren? ______

Wie intensiv ist das positive Gefühl? ______

Wie stark ist Ihr erster Glaube an die neue Option? ______

Wie hoch ist Ihre Motivation, diesen Glaubenssatz zu leben? ______

Fällt die Bewertung im Durchschnitt nicht höher als 7,5 aus, dann müssen Sie den Glaubenssatz überarbeiten. Zwischen 7,5 und 9,5 dürfen Sie den Glaubenssatz und den Mentalfilm in einzelnen Aspekten optimieren und genauer beschreiben.

© Verlag an der Ruhr | So klappt's im Kita-Team | Autor: Heiko Hansen | ISBN 978-3-8346-2531-1 | www.verlagruhr.de

Teamvertrag

Werden verbindliche Absprachen in einem Teamvertrag erfasst, so vermittelt dieser Teamvertrag gemeinsame Stärke, Sicherheit und Orientierung – „Wir sind ein Team und agieren auf folgender Basis“. Ein Teamvertrag dokumentiert die sozialen Ziele, Wege, Überzeugungen und Kompetenzen. Ebenso werden die Erwartungen an sich selbst formuliert und sind deshalb reflektierbar.

Der Teamvertrag wird von allen Teammitgliedern an einem oder zwei Teamtag(en) erarbeitet. Dieses bedeutungsvolle Ereignis sollte in einem schönen Ambiente stattfinden.

Nach Festlegung des Teamvertrages wird er von allen Beteiligten unterschrieben. Der Teamvertrag kann die pädagogische Konzeption perfekt ergänzen. Manche Teams haben die zentralen Punkte als Selbstverpflichtung, wie ein Zertifikat, öffentlich ausgehängt.

Hinweise zur Umsetzung

- Teamwerte: Jeder definiert für sich fünf Werte, die für ein optimales Teamplay enorm wichtig sind, und begründet, warum diese Werte wichtig sind.

  Die fünf am häufigsten benannten Teamwerte sind automatisch die fünf zentralen Teamwerte. Zusätzliche Werte werden ebenso hinzugenommen. Beschreiben Sie anschließend, wie die Werte im Kita-Alltag konkret gelebt werden und was Sie mit diesem Wert gewinnen.

  Durch Mehrheitsentscheidung können Werte abgelehnt werden.

  Die von jedem Einzelnen benannten Werte werden zusammengefasst. Im Sinne der Teamformel wird aus dem Einzelaspekt Ich und den Aspekten der anderen (Ihr) ein Wir (alle). Ich trage etwas dazu bei, was trägst du dazu bei, dass wir gemeinsam harmonieren und wir unsere Aufgabe optimal umsetzen?

Verbindliche Abmachungen können in einem Teamvertrag festgehalten werden.

Für die Umsetzung des Teamvertrages ist jeder mitverantwortlich. Trotzdem obliegt der Teamführung und den charismatischen Personen innerhalb eines Teams eine besondere Verpflichtung: Der Teamvertrag soll eingehalten und auch gelebt werden. Auf diese Weise wird er konkret erlebt.

Rechtlich betrachtet kann der Teamvertrag nicht eingeklagt werden. Jedoch: Er gibt eine stabile Orientierung – wie der Lichtkegel eines Leuchtturms. So gesehen ist der Teamvertrag eine moralische Selbstverpflichtung, und zwar für jedes Teammitglied. Beim Einhalten des Teamvertrages werden sich Konsequenz und Selbstverantwortung regelmäßig im Alltag begrüßen. Wird der Teamvertrag gelebt, ist er die Basis für einen Quantensprung – im Teamplay wie im Teamgefühl.

- Der Teamvertrag verbindet die emotionalen und sozialen Komponenten und er verpflichtet ebenso jeden Einzelnen. Somit wird die Identität der Kita mit klaren Werten, Selbstverantwortung, Motivationen und Vereinbarungen untermauert.

  Neue Teammitglieder sollten von den direkten Teamkollegen oder von der Leitung in den Teamvertrag eingewiesen werden. Das hat sich in der Praxis sehr bewährt und erleichtert das Einleben und das Verständnis für Abläufe. Ist das Team einverstanden, dann kann das neue Teammitglied den Teamvertrag ergänzen.

- Der Punkt „Wege zur Konfliktklärung" kann aus Kapitel 7 übernommen werden. Alle Teammitglieder sollten in Konfliktgesprächen trainiert und sicher sein. Wenn alle in Konfliktgesprächen gut trainiert sind, gleicht die Wirkung der einer Firewall. Kleine Probleme des Alltags oder Missverständnisse werden sofort besprochen, hinterfragt und aufgelöst. So können sich Probleme gar nicht erst aufbauen und die Ressourcen fließen weiterhin störungsfrei.

Die einzelnen Aspekte werden zusammengetragen und konkretisiert.

Schritt 1
Zunächst beantwortet jeder für sich die einzelnen Fragen zum Teamvertrag. Dies kann zuhause oder während der Arbeit geschehen. Wichtig ist, dass jedes Mitglied die Fragen allein und ehrlich beantwortet. Im Rahmen eines Teamtages sollten Sie ca. 15 – 20 Minuten veranschlagen.

Schritt 2
Die einzelnen Aspekte werden der Reihe nach zusammengetragen, z. B. mithilfe von Metaplanwänden. Jeder stellt seine Punkte vor und begründet sie kurz.

Schritt 3
Wurden die einzelnen Teamvertragspunkte definiert, werden jetzt in Arbeitsgruppen die vereinbarten Vertragsinhalte mit Verhaltensregeln konkretisiert. Dadurch werden die Verhaltensregeln für jeden klar und messbar.

Teamvertrag Seite 1

Vertragsaspekt	Vertragsinhalt	Damit erreichen wir
Wie kommuni-zieren wir miteinander?		
Was motiviert mich an meiner Arbeit?		
Meine Erwartungen an die Leitung		
Meine fünf Teamwerte		
Meine Erwartung an das Team		
Meine drei Erfolgsfaktoren		

© Verlag an der Ruhr | So klappt's im Kita-Team | Autor: Heiko Hansen | ISBN 978-3-8346-2531-1 | www.verlagruhr.de

Teamvertrag Seite 2

Vertragsaspekt	Vertragsinhalt	Damit erreichen wir
Meine drei wichtigsten Teamziele/Projekte		
Hierin bin ich Experte		
Unsere Teamstärken		
Entwicklungspotenziale		

Mein konkreter Beitrag zum Gelingen des Teamvertrages ist

____

____

____

____

Datum

Unterschrift

© Verlag an der Ruhr | So klappt's im Kita-Team | Autor: Heiko Hansen | ISBN 978-3-8346-2531-1 | www.verlagruhr.de

Fünf Teamwerte

Bewerten Sie Ihre Teamwerte. Im Zusatzfeld rechts beantworten Sie die Fragen:

- Wie kann dieser Wert konkret im Team umgesetzt werden?
- Welche Regeln ergeben sich daraus?
- Welche Ziele ergeben sich konkret aus den jeweiligen fünf Hauptwerten?

	Wert	**Dieser Wert ist für mich wichtig, weil …**
1.		
2.		
3.		
4.		
5.		

© Verlag an der Ruhr | So klappt's im Kita-Team | Autor: Heiko Hansen | ISBN 978-3-8346-2531-1 | www.verlagruhr.de

Team-AGs

Es ist trügerisch anzunehmen, dass Probleme allein durch Absprachen automatisch davonfliegen. Deshalb ist es wichtig, sich immer wieder zu motivieren und die Probleme gemeinsam tatkräftig anzupacken.

Bilden Sie nun zum Definieren Ihrer Problemthemen Team-AGs. Haben Sie weniger Problemthemen als Sie Teammitglieder sind, dann können Sie andere Zielthemen öffnen oder zwei AGs gleichzeitig an einer Thematik arbeiten lassen.

Ziel der AGs ist es, ein Problem oder einen Konflikt zu erörtern und Lösungen zu finden. Jede AG sollte höchstens aus fünf Personen bestehen. Es gilt

a) zu analysieren:

- Wann, wie, warum taucht das Problem (immer wieder) auf?
- Welche Personen sind daran direkt beteiligt? Welche indirekt?
- Was hat das Problem mit dem Charakter der Beteiligten zu tun?
- Welche Emotionen werden am häufigsten gezeigt?
- Was können die Motive und Gründe sein?
- Wie hoch ist der Anteil der Interpretationen?
- Welche Glaubenssätze, Werte und Interessen nähren den Konflikt?
- Geht es um die Motive Macht und Beziehung oder um fachliche Qualitäten? Wie schätzen Sie den Prozentanteil der drei Motive am Konflikt ein?
- Gibt es Strukturen und Prozesse innerhalb der Kita, die Probleme und Konflikte immer wieder anheizen bzw. initiieren?

Verschiedene AGs bearbeiten ein bestimmtes Konfliktthema.

b) Lösungsoptionen zu erarbeiten, wenn der Konflikt detailliert verstanden wurde:

- Welche Lösungen bieten sich an? Wie sieht die optimale Lösung aus?
- Betrachten Sie nun die Vorteile und Nachteile Ihrer Lösungsoptionen. Lassen sich die Optionen miteinander kombinieren?
- Welche Person muss welche Schritte unternehmen?
- Welche Sichtweisen, Überzeugungen, Annahmen müssten sich ggf. verändern?
- Was muss ggf. die Organisation bzw. die Leitung unternehmen?
- Ist ein Coach oder Mediator hilfreich?

c) festzulegen, was die ersten Schritte und Maßnahmen innerhalb des ersten Monats sind und wie ggf. die weiteren Schritte aussehen

- Der Zeitrahmen sollte zwischen 60 und 90 Minuten liegen. Danach werden die Ergebnisse gemeinsam erörtert und über das weitere Vorgehen ein Konsens hergestellt.
- Ist der Konflikt umfangreicher, kann er anschließend in der AG weiter bearbeitet werden. Wenn es thematisch sinnvoll ist, können auch Team-AG-Mitglieder ausgewechselt werden.
- Für die Umsetzung sollte eine Person der AG, in Zusammenarbeit mit der Leitung, die Verantwortung übernehmen. Es ist sinnvoll, einen Zeitpunkt für den Klärungsprozess festzulegen. Als motivierend hat sich ein Zeitfenster von bis zu drei bis vier Monaten erwiesen. Dies suggeriert einen Abschluss in Sichtweite und es entsteht mehr Bewegung im Prozess.

d) zu reflektieren: Jede Veränderung braucht Zeit, Wiederholungen und Aufbautraining. Am besten bemessen Sie Veränderungsschritte in einem 3-Monats-Rhythmus.

- Was wurde wie im Team an Fortschritten erreicht?
- Was habe ich dafür konkret getan, mit welchen Erfolgen?
- Was haben andere Teammitglieder dazu beigetragen?
- Wo muss ich mich noch verbessern? Worin müssen sich das Team bzw. einzelne Teammitglieder noch verbessern?

GUT ZU WISSEN

Team-AGs können jederzeit gebildet werden. Sie sind ein sinnvolles und effektives Instrument, um Konflikte konkret aufzunehmen und zu lösen.

Wurde ein Problem bzw. Konflikt zufriedenstellend gelöst, dann feiern Sie dies! Loben Sie sich und das Team. Das menschliche Gehirn ist stark daran interessiert, Stärken emotional zu erleben und dadurch zu bestärken. Denn: Vergessen Sie das Loben, bleibt das Ergebnis nicht lange oben.

7 Teamkonflikte elegant lösen

Das Gehirn nutzt – wie ein sensibles Frühwarnsystem – alle Sinne, um Konflikte zu erkennen. Beispielsweise das berühmte Bauchgefühl bzw. die innere Stimme: „Das hatte ich gleich im Gefühl!", „Es roch nach Streit" oder „Ich habe es kommen sehen". Durch Erfahrungen entwickelt sich das Gespür für problemträchtige Situationen und schwierige Menschen. Kognitive Beobachtungen werden sofort mit Emotionen verbunden. Dadurch werden die Situationen verarbeitet und die richtigen Entscheidungen getroffen.

Innere Meisterschaft und die mentale Einstellung zum Konfliktgespräch

Eines Tages kommt die Stunde des Mutes. Man muss die Entscheidung treffen, das Problem ansprechen bzw. zu einem Klärungsgespräch einladen. Das ist bei vielen mit einem unangenehmen Gefühl verbunden. Dieses Gefühl hemmt die erste Handlungsabsicht. Manche entscheiden sich um: „Ach nee, soll er mich doch ansprechen."

Es scheint einfacher zu sein, einen Konflikt zu halten und darüber zu jammern, als sich auf den Weg zum Gespräch zu machen – aus Angst, die Lage könnte unkontrollierbar werden. „Man weiß ja nie, wie der andere reagiert." oder „Was mache ich, wenn es nicht optimal läuft und es aus dem Ruder läuft, die Lage unkontrollierbar wird. Dann wird es vermutlich nur noch schlimmer."

Die persönliche Einstellung zum Konflikt und der Charakter tragen maßgeblich dazu bei, wie ein Konflikt geführt und vorbereitet wird. Nicht der Konflikt ist das Problem, sondern die Art und Weise, wie er charakterlich und kommunikativ ausgetragen wird: „Will ich wirklich den Konflikt klären oder gar zuhören?"

Wirklich gefährlich sind primär die ungelösten (inneren) Konflikte, die mit der Zeit eskalieren werden. Innere Konflikte und ihre ungeklärten Bedürfnisintentionen sind Zeitbomben, die auf bestimmte Situationen (Muster) nur warten, um zu explodieren oder das „Du bist gemein-Programm" starten zu können. Zumindest sind alle vom gleichen Prinzip überzeugt: der andere ist schuld.

Wer durch Fortbildung und Praxis gut in Klärungsgesprächen trainiert ist, hat deutlich höhere Erfolgschancen, gut versteckte Konfliktmotive aufdecken zu können. Mit Kritikfähigkeit und dem Willen zur Klärung dringt man mit Fragen zum wirklich wirkenden Motiv vor. Man fühlt sich sicherer, kann aktiver zuhören und man weiß, wie der gesamte Prozess zu führen ist. Zudem verfügt man über wirksame Techniken und kann sie gekonnt einsetzen. Fragen, die zum Nachdenken anregen oder auch verwirren, sind sehr hilfreich. Sie fördern die Selbstreflexion und beruhigen die Emotionen.

Jeder Klärungsweg beginnt mit dieser inneren Meisterschaft. Das größte Problem ist: Viele sind darin nicht gut trainiert. Sie übernehmen unbewusst erlebte Konfliktgesprächsmuster. Das Gehirn will sofort reagieren und greift daher auf erlernte Verhaltensmuster zurück (→ *siehe auch Kapitel 1*). Kaum jemand ist sich dessen wirklich bewusst. Und wenn doch, dann kommt automatisch die nächste Hürde: Will ich mich verändern? Mich hinterfragen? Schaffe ich es, meine Muster neu zusammenzusetzen? Habe ich dafür die Geduld, die Objektivität etc.?

→ GUT ZU WISSEN

Die Mönche des Shaolin-Klosters sind für ihre besonderen körperlichen und mentalen Fähigkeiten bekannt. Sie werden als Kämpfer bewundert. Im Mittelpunkt ihres Trainings steht die richtige innere und äußere Haltung beim Lernen und im Tun.

Die innere Haltung ist von einem ruhigen Denken geprägt. Das Denken wird konzentriert, die Lerninhalte werden strukturiert und sukzessive wie aufmerksam trainiert. Der fokussierte und durch Atemübungen beruhigte Geist wird mit Visualisierungen kombiniert. Das Visualisieren von Abläufen hilft, die Lerninhalte schnell zu automatisieren. Diese können dadurch „ins Blut" und ins Unterbewusstsein übergehen.

Zu viele und durcheinanderlaufende Gedanken (was im Konfliktfall normal ist) gilt es zu verhindern – durch Fokussierung auf das Wesentliche. Im Wissen, dass die Energie der Aufmerksamkeit folgt, ist die Lernmotivation auf das Wesentliche ausgerichtet. Ist die Aufmerksamkeit im Konflikt nicht fokussiert, werden Energie und Emotionen in einen nervösen, ggf. blockierenden, aggressiven Zustand geraten. Man wird unaufmerksam, ärgerlich-wütend, ängstlich, hektisch und macht Fehler. Die Lernerfolge sind reduziert. Das Erleben wird aber positiv sein, wenn die Aufmerksamkeit sinnvoll, nützlich, gezielt und konzentriert ausgerichtet wird, z. B.: Wofür ist es hilfreich, den Konflikt zu klären? Was möchte ich verstehen? Was hat der andere dazu beigetragen? Was habe ich dazu beigetragen? Worum geht es wirklich?

Shaolin sehen den Weg der Meisterschaft als einen Prozess, der seine Zeit benötigt. So sind Konflikte Prozesse, die das Feuer unterschiedlicher Inhalte beinhalten. Ist der Prozess mit Selbstentwicklung und Wachstum verbunden, unterstützt es Lernfreude und Aufmerksamkeit. Diese innere Überzeugung, dass jeder Konflikt ein Prozess ist, ist im Klärungsgespräch der optimale Weg und führt zur richtigen Einstellung. Denn Konflikte machen darauf aufmerksam, dass etwas aus der Balance geraten ist.

Konflikte können wie ein Stopp-Schild wirken.

Jeder Streit ist eine Aufforderung, sich über einen Mangel zu unterhalten, und ebenso eine Einladung, zu neuen Ufern aufzubrechen. Die Frage ist, ob man sich das erlaubt. Diese innere Erlaubnisfrage ist für das eigene Leben zentral und mächtig. Sie ist die Öffnung für neues Wissen und für neue Erfahrungen.

Jedes Problem zeigt Fehlerhaftes an und will eine Korrektur, ggf. einen neuen Weg zu einem veränderten oder gleichen Ziel.
Wichtig ist die innere Überzeugung: Konflikte helfen, zu verstehen. Sie zeigen, dass man dazulernen und sich weiterentwickeln muss. Konflikte sind ein inneres Freiruckeln – für sich selbst und für den Konfliktpartner.

Konfliktgespräche sind ein Ringen um machtvolle Argumente. Was ist richtig und wichtig? Was war falsch? Wie different nimmt man die Welt wahr und analysiert sie? Ebenso enthalten ist die Aufforderung, über Differenzen in seinen Bedürfnissen, Interessen, Zielen, Charakteren und Werten zu sprechen.

Konflikte sind Hinweise und Stopp-Schilder, die gern missachtet oder überfahren werden, oft schnell und konsequent. Konflikte sind eine Wettkampfaufforderung („Du hast mein Territorium verletzt. Jetzt wollen wir sehen, wer stärker, klüger und besser trainiert ist."). Im Streit zeigt sich offen das eigene Drehbuch: Worauf wird reagiert und wie wird agiert?

Streit öffnet die Kiste der Pandora – oder soll verhindern, dass sie geöffnet wird. Die Schutzschilde sind hochgefahren. Den wunden Punkt soll niemand sehen. Und man sieht und hört oder fühlt ihn doch, wenn man aufmerksam beobachten kann. Ist man mutig genug, diesen wunden Punkt aufzuarbeiten, kann daraus eine Veränderung entstehen – das geht aber nur mit der inneren Entscheidung, eine Veränderung zuzulassen.

Hilfreich ist es zu verstehen, dass es selten um die Inhalte geht. Inhalte sind wie ein Marktplatz (Konflikt) mit verschiedenen Ständen (Inhalte eines Konflikts). Dort trifft man sich gern zum Streiten. Der Wochenmarkt der Konfliktstände ist samstags von 8 –14 Uhr. Finden Sie auch, dass manches Käse ist? Oder riecht es nach altem Fisch? Die Milch ist sauer? Das Obst sieht unschön aus? Sie wurden betrogen, weil der Fleischkäufer zu seinen Gunsten gewogen hat? Oder die Nachfrage: „Darf es ein bisschen mehr sein?" Diese Frage finden Sie in jedem Konfliktrezept der Provokationen (Wut, Weinen, Schweigen). Auch ohne im Asterix-Dorf zu leben, finden Sie auf Ihrem Marktplatz stinkende Fische. Ein kleiner Ausflug in die Sinneswahrnehmung: Insbesondere der Geruchssinn spielt in Konflikten eine wichtige Rolle. Gut zu beobachten sind die größeren Nasenflügel und das Rümpfen der Nase (Ekelmimik).

Man hat die Wahl, was man an Streitthemen „einkauft" und bei wem. Man hat die Wahl, welche Konflikte man führen will und wie. Selbst wenn man von anderen (provokant) eingeladen wird – man muss nicht an den Stand gehen. Es liegt an jedem selbst, wie man mit Angeboten umgeht. Kommt man nicht darum herum, dann muss man über gute Fähigkeiten und Ressourcen verfügen, die den Konflikt konsequent klären werden.

In Wirklichkeit geht es in Streitfällen viel intensiver um die unterschiedlichen Persönlichkeiten. Um die differenten Details und Ausdrücke bei Strategien, Körpersprachen, Wörtern, Ansichten und vor allem um Emotionen. Darauf reagiert das Gehirn sofort. Es sucht immer bekannte Muster, an denen es andocken und das gelernte Programm starten kann. Wahr ist, was dieses System wahrnimmt und als Entscheidungs- und Erfahrungsmuster hinterlegt hat. Kombiniert sind diese Muster mit emotionalen Markern, Körpersprache und Mimik. Das geht rasend schnell – daher reagiert man sehr emotional und schneller, als man bewusst nachdenken kann. Nachdenken kostet Zeit und Geschwindigkeit und reduziert Handlungsenergie. Die unbewussten Automatismen greifen schnell. Selbst wenn man darum weiß, hilft es nicht. Das Programm ist gestartet. Wie kann man dieses Programm nun korrigieren? Die Frage ist daher, auf welches trainierte Programm man situativ zugreifen soll.

Im Leben gibt es genügend (eigene) Fallen, in die man zu gern tappt: Konflikte, die aus Werten und Erwartungen resultieren. Die Suche nach

In Konfliktfällen geht es mehr um die einzelnen Charaktere als um die Sache.

Übung macht den Meister!

dem Glück, häufiges Wechseln der Ansichten, die Suche nach Anerkennung, übertriebene Verbissenheit und Perfektionismus, Eitelkeit, sich schnell entmutigen (lassen), geringe Wettbewerbsmotivation, Trägheit, sich nicht quälen oder überwinden können, fehlende Selbstdisziplin, die Suche nach schnellen Lösungen etc.

Lernen ist bei den Shaolin mit dem Prinzip der „Selbst-Findung" verbunden. Während das Ich (Ego) als Ausdruck bewusster Identität und des Verstandes gern den Weg des Vergleichs geht, z. B. schnell brillieren will, alles sofort richtig machen will, Fehler mit Zorn oder Angst kommentiert, gewisse Erwartungen hat, mit anderen Egos konkurriert oder ängstlich an neue Erfahrungen herangeht, lernt das Selbst ohne übertriebene Lernerfahrungen.

Üben schafft Stabilität und Sicherheit. Es gibt Orientierung – Ziel und Ergebnis müssen übereinstimmen. Das ist die Quelle des persönlichen Erfolgs. Misserfolge verkraftet das eigene Ego schlecht. Auch die beste Konfliktmethode muss immer wieder geübt werden.

Das Selbst und das Ego sind im stetigen Dialog. Ihre Art und Weise der internen Partnerschaft beflügelt oder reduziert das Lernen. Der beste Weg geht über eine sinnvolle Lernpartnerschaft zwischen dem Selbst und einem ruhigen, selbstbewussten Ego – in einer Partnerschaft des Vertrauens. Die Shaolin sind davon überzeugt, dass sich Selbstvertrauen durch kleine und größere Erfolge wie von selbst aufbaut.

GUT ZU WISSEN

Vier innere Wahrnehmungen

Erfahrene Kämpfer, u. a. aus der japanischen Kriegerkaste der Samurai, konzentrieren sich auf vier innere Wahrnehmungen:

1. Die Emotion und das Körpergefühl im Konflikt detailliert zu identifizieren.

2. Die Emotion im Konflikt zu verstehen in ihrer Aussage, ihren Bedürfnissen, Charakteren, Werten und ihrer Bedeutung.

3. Die Emotion im Konflikt zu nutzen, d. h. die Motive und die Chance darin zu erkennen.

4. Die Emotion im Konflikt zu managen, d. h. sich über die Selbstverantwortung sowie die eigenen Denk- und Verhaltensmuster für den gesamten Klärungsprozess samt der Inhalte bewusst zu sein. Ein zentraler Punkt ist das Regulieren der eigenen Emotionen. Durchaus eine Mammutaufgabe: Keine impulsiven Überreaktionen, sich Argumenten nicht verweigern, Geschehenes nicht verleugnen, sich nicht unterwerfen und zu früh klein beigeben. Es ist wichtig, vorab die Fähigkeit der eigenen mentalen Stärken und die Selbststeuerung zu testen.

Wichtige Paradigmen für den Klärungsweg

1. Zwischen Mensch und Problem unterscheiden

Probleme werden analysiert, ohne den Gegner als Feind zu betrachten. Genauso wichtig ist es, die eigene Konfliktpersönlichkeit zu kennen. Warum wird ein Konflikt geführt? Handelt es sich um wiederkehrende Konfliktthemen? Welcher Glaubenssatz und welche Wertehierarchie steckt dahinter? Werden gern Konflikte provoziert?

2. Zwischen Position und Interessen unterscheiden

Eine Lösung ist kaum möglich, wenn man nur die eigenen Positionen betrachtet. Leichter werden Lösungsprozess und Konsens, wenn man nach den dahinterliegenden Bedürfnissen und Motiven fragt. Was ist dem anderen wichtig? Worauf möchte er aufmerksam machen? Was ist sein Ziel? Worauf deutet sein Muster hin?

3. Verschiedene Optionen

Vorteilhaft ist es, mögliche Lösungen zunächst als Optionen zu betrachten und nach Vor- und Nachteilen zu analysieren, bevor Sie sich gemeinsam für die optimale Vereinbarung entscheiden.

4. Mehrere Wahrheiten

Es gibt mehrere Wahrheiten, nicht nur Ihre! Versuchen Sie, die Motive ihres Konfliktgegners zu verstehen.

5. Beachten Sie die Einheit von Mittel und Ziel für den Zweck

Nicht jedes Mittel ist gerechtfertigt.

6. Halten Sie sich an verabredete Prinzipien und Regeln

7. Die Kommunikation wiederherstellen

Die meisten Konflikte entstehen dadurch, dass nicht miteinander, sondern übereinander gesprochen wird. Interpretationen sind dabei ein wahres Übel. Ungenügende Fähigkeiten und Können im Konfliktmanagement verstärken diesen Mangel.

8. Aktives Zuhören

D. h. aussprechen lassen, zuhören, analysieren und dann erst nach Lösungen suchen und diese nach Vor- und Nachteilen bewerten.

9. Macht ist die Chance, mutig zu sein

Dies bedeutet nicht, andere zu bestrafen oder zu ignorieren! Es heißt aber, man darf seine humanistischen Ziele erreichen wollen.

Der Prozess in 5 Phasen

Phase 1: Die Einladung und der Treffpunkt

Die Stunde der Wahrheit ist gekommen: Ein klärendes Gespräch soll geführt werden. Den Konfliktpartner zu einem Gespräch einzuladen, ist nicht einfach. Überlegen Sie kurz, wie Sie zu einem Konfliktgespräch eingeladen werden möchten. Was möchten Sie hören und wie sich dabei fühlen? Denn: Mit einer falschen Ansprache und zu viel Emotionen kann man sich schnell ein Nein einfangen oder den Konflikt verstärken. Eine Einladung mit einem Vorwurf zu beginnen, ist wenig vorteilhaft. Wie würden Sie reagieren, wenn Sie mit den Worten „Kann es sein, dass wir ein Problem miteinander haben?“ eingeladen werden?

Geschickt ist es, in die Einladung die drei Motivationen einzubauen z. B.: Wir streiten uns (länger) über den Punkt XY (Dominanzmotiv). Ich möchte mich gern mit Ihnen aussprechen. Wir sollten uns ohne Vorwürfe und Beleidigungen zuhören und das Problem so klären, dass wir beide mit der Lösung zufrieden sind.

Ich will Sie und Ihr Ärgernis besser verstehen (Erkenntnis), auch was ich vielleicht falsch gemacht habe.

Ich möchte mich gern mit Ihnen am … zusammensetzen (Beziehung) oder spazieren gehen.

Treffpunkt und Sitzordnung

Sie sollten sich niemals in einem Café oder Restaurant treffen. Sie können dort nicht frei sprechen und die Örtlichkeit setzt beide nur unter Druck. Wählen Sie besser einen Ort, der ein freies Sprechen ermöglicht. Am besten ist ein Treffpunkt, der Ihnen beiden gefällt.

Kennen Sie die beste Sitzordnung für das erste Gespräch?

Sich gegenüberzusitzen, im 45°-Winkel nebeneinanderzusitzen oder Schulter an Schulter nebeneinanderzusitzen, ohne sich dabei anzusehen?

Die meisten entscheiden sich für die zweite Variante. Die beste Sitzordnung ist die dritte Variante. Überrascht? Mit der dritten Variante – nebeneinander, ohne sich dabei anzusehen – haben Sie enorme Vorteile:

Sie müssen einander wirklich zuhören. Die visuelle Wahrnehmung ist nicht auf die Beteiligten gerichtet, sondern nach vorn in den Raum. Wie in einem Kino kann jeder auf seine Leinwand schauen und über sein Ärgernis als Film berichten. Sitzen Sie sich gegenüber, bekommen Sie jede Mimik und jede Regung bewusster mit als in der dritten Variante. Sie werden sehr schnell damit beginnen, jede Mimik zu kommentieren: „Du musst gar nicht so gucken oder den Mund verziehen oder mit den Augen rollen.“

Erinnern Sie sich an früher, als Sie mit Ihrem Freund oder Ihrer Freundin nebeneinander am Strand gesessen haben? Mit Blick auf das Meer? Oder einfach nebeneinander auf einer Mauer gesessen haben? Es waren meistens fantastische Gespräche.

Auch bei einem Spaziergang gehen Sie nebeneinander. Sie blicken meist nach vorn und hören Ihrem Partner zu. Zudem können Sie sich dabei bewegen, anhalten oder nach vorn schauen.

Viele Dominanzmotivierte mögen es, wenn man ihnen beim Sprechen in die Augen sieht, weil sie glauben, nur wer ihnen dabei in die Augen schaut, sagt die Wahrheit. Das ist nur bedingt richtig und mehr in der Phase 4 wichtig. Dann geht es um die Erörterung der Hintergrundmotive. Menschen mit einem breiten und weiten Wahrnehmungsfeld werden immer mehr an Ihnen vorbeisehen, weil sie dann besser nachdenken, Bilder sehen und ihre Worte bilden können. Menschen mit einer nahen Wahrnehmung sehen nach unten und sind viel detaillierter in ihren Aussagen. Die Wahrnehmungen sowie die Wahrnehmungsbewertungen sind bei Menschen sehr unterschiedlich. In Konflikten hört sich das u. a. so an: „Das sehe ich anders.", „Das fühlt sich schlecht an.", „Das geht mir sehr nahe.", „Den halte ich mir vom Hals." Die unterschiedlichen Wahrnehmungen, die auch in der persönlichen Informationsverarbeitung und Bewertung eine große Rolle spielen, gilt es zu akzeptieren. Spricht Ihr Konfliktpartner von Gefühlen, dann spricht er nicht von Bildern. „Ich fühle, wir haben ein Problem." „Hm, das sehe ich nicht so." Schon sitzen Sie in der Falle: in der unterschiedlichen Wahrnehmungssprache. Das verschärft die Komplexität eines Konfliktgesprächs.

GUT ZU WISSEN

10 Gesprächsregeln

Konflikte zu klären benötigt Regeln, auf die sich beide vertrauensvoll und verpflichtend verständigen.

1. Jeder spricht höchstens drei bis fünf Minuten. Dann wird gewechselt.
2. Wir hören uns aktiv zu.
3. Wir wollen beide den Konflikt positiv klären.
4. Wir sprechen mit niemandem über unsere Gesprächsinhalte, solange der Konflikt nicht geklärt ist.
5. Wir beleidigen einander nicht.
6. Wir werden nicht körperlich aggressiv.
7. Emotionen und Gefühle wie Ärger, Tränen etc. sind erlaubt.
8. Wir wollen beide Seiten verstehen, stellen Fragen und interpretieren nicht.
9. Wir halten uns an die Absprachen.
10. Wir begegnen uns mit Respekt.

Andere Wahrnehmung? Der Geruchsorientierte sagt z. B. „Das stinkt doch zum Himmel!"

Visuellorientierte sprechen von Bildern, Farben, Filmen, sehen, Blickwinkeln, Betrachtungen, Standbildern, Momentaufnahmen, Positionen, „in meinen Augen".

Gefühlsorientierte sprechen von Emotionen, Bewegungen, Körpern, Temperaturen, Rhythmen („Da läuft mir ein kalter Schauer über den Rücken.").

Auditivorientierte hören Wörter, schiefe Töne, laut-leise, Rhythmen („Der Ton macht die Musik.").

Geruchsorientierte sprechen von schlechter Luft („Da ist die Luft raus", „Du stinkst." oder „Das stinkt doch zum Himmel.").

Geschmacksorientierte orientieren sich am Verdauungstrakt: Von einem faden Beigeschmack ist die Rede („Das schnürt mir den Hals zu.", „Das schlägt mir auf den Magen." „Da läuft mir die Galle über.").

Die sinnliche Wahrnehmung gibt auch einen Hinweis, worum es in der Aussage wirklich geht, z. B. Geruch und Vertrauen. Geschmack und Ärgernisse über Handlungen. Unterschiedliche Sichtweisen/ Positionen. Hören und Glaubwürdigkeit, Gefühle/ Emotionen, Ängste und Gefahren.

Phase 2: Der Verhaltenskodex

Ich will – Wir wollen
Ich will es klären. Ich will es verstehen. Ich will eine Konsenslösung. Diese Selbstverpflichtung müssen die Beteiligten abgeben. Sonst hat die Klärung kaum eine Chance und keinen wirklichen Sinn. Ebenso werden dadurch in schwierigen Passagen die Konfliktpartner motiviert, nicht aufzugeben und den Konflikt erfolgreich zu beenden.

Vorbereitung des Gesprächs

1. Eigenanalyse
Es ist für beide Beteiligte von Vorteil, wenn sie sich ebenfalls in Selbstkritik üben und die Gespräche vor- und nachbereiten. Folgende Fragen sind dabei hilfreich:

- Wodurch wird unser Konflikt am Laufen gehalten?
- Was und wie hoch ist mein Anteil? Streite ich gern?
- Was muss mein Gegenüber bei mir tun, um in einem Konfliktfall menschlich durchzufallen bzw. damit der Konflikt so richtig eskaliert?
- Was müsste mein Gegenüber stattdessen machen, damit der Konflikt nicht eskaliert? Was erwarte ich?
- Was erwartet mein Gegenüber von mir?
- Wie habe ich im Konflikt agiert? Was habe ich konkret verstanden?

Dem Konflikt Positives abgewinnen

- Was ist an diesem Konflikt positiv?
- Worauf macht mich der Konflikt aufmerksam?
- Was ist mein Konfliktmuster? Was ist sein Muster?
- Was gewinne ich, was gewinnt er, wenn wir uns einigen?

Kommunikationsregeln für das Gespräch

Sprechen Sie in der Ich-Form und nicht in Du-Botschaften. Sprechen Sie darüber, wie es Ihnen mit der Situation geht, welches Verhalten was bei Ihnen auslöst. Du-Botschaften lösen Widerstände aus. Durch Ich-Botschaften stellen Sie Nähe, Vertrauen und Kontakt her.

Trennen Sie Persönliches und Sachliches (z. B. „Die Person ist okay, aber das Verhalten ...). Formulieren Sie Ihre Kritik angemessen.

Hören Sie aktiv zu und versuchen Sie, den Inhalt, die Bedürfnisse und die Emotionen herauszuhören und wiederzugeben. Fragen Sie nach: „Habe ich dich richtig verstanden, dass ...“ Damit zeigen Sie, dass Sie verstehen wollen und nicht interpretieren. Interpretationen sind enorme Konflikttreiber.

Fallen Sie möglichst wenig ins Wort.

Rechtfertigen Sie sich nicht und erwarten Sie auch keine Rechtfertigung.

Sprechen Sie das Verhalten klar und konkret an, nicht pauschal („wie immer“ etc.).

Bringen Sie Alternativen, Wünsche und Möglichkeiten erst später ein, wenn die Motive und Abläufe des Konflikts verstanden wurden.

Phase 3: Dampf ablassen

Positionen und Bedürfnisse

Konflikte sind sehr oft versteckte Wünsche und unausgesprochene Bedürfnisse. Das ganze Arsenal der inneren und äußeren Konflikte, Ärgernisse, Enttäuschungen, Irritationen muss in dieser Phase geöffnet werden. Jeder schildert seine Sicht der Dinge und äußert seine Gefühle mit seinen persönlichen Wahrnehmungen, Interpretationen, Erkenntnissen, Ärgernissen und Ängsten. Alles muss ausgesprochen werden, sonst hat es kaum Nutzen. Ebenso wenig macht die Konfliktklärung Sinn, wenn man nicht zuhören und verstehen will oder kein wirkliches Interesse an einer Klärung besteht. Hier geht es noch nicht darum, die Hintergründe zu verstehen, sondern darum, alles auf den Tisch zu legen. Und zu verstehen, was einen z. B. ärgert oder enttäuscht (Positionen). Das Warum (Interessen) kommt erst in der nächsten Phase zur Geltung.

Positionen

Was ist Ihre Position im Konflikt und welche Position hat Ihr Gegenüber? Eine Position ist ein Standpunkt, den man durchsetzen möchte und den man vehement vertritt. Der Standpunkt ist die eigene Sichtweise, die eigene Meinung und es sind persönliche Punkte, die man durchsetzen möchte. Es geht unter Umständen um lang zurückliegende und nicht gelöste Problemstellungen, Aussagen, Missverständnisse, Fehlinterpretationen oder Machtkämpfe etc.

Positionen erscheinen allgemeingültig und werden auch so vorgetragen, damit sie an Durchsetzungskraft gewinnen. Sie sollen dem anderen schaden, wenn der Konflikt eskaliert. Positionen werden umkämpft, angegriffen und verteidigt oder infrage gestellt. Dabei verhärten sich zunächst die Fronten. Der Konflikt eskaliert weiter. Positionen werden umso starrer, je länger ein Konflikt anhält und an Intensität gewinnt. Im Extremfall verspürt man den Wunsch, den anderen zu vernichten oder zu erniedrigen (Mobbing).

Bedürfnisse

Jeder Position liegen Bedürfnisse aus den drei Motivationslinien zugrunde: materielle, intellektuelle und emotionale Bedürfnisse. Wird ein Bedürfnis nicht wahrgenommen, sind Konflikte oft sehr intensiv und werden mit Nachdruck vertreten. Manchmal entstehen Vertrauensbrüche dadurch, dass eine Person unterschwellig ein starkes Anerkennungsbedürfnis hat. Dieses möchte sie emotional befriedigen. Ebenso ist damit das Bedürfnis nach Anerkennung und Zusammenhalt verbunden. Sie sagt beispielsweise jedem: „Du bist gut. Es ist prima, dass du in unserem Team bist“. Bei anderen Mitarbeitern wird jedoch schlecht über die gleiche Person geredet. So entsteht Unfrieden. Fatal ist, dass die Mitarbeiter dadurch untereinander aufgewiegelt werden, ohne das wirkliche Motiv zu sehen. Auflösen kann man diesen Prozess schnell. Fragen Sie: „Du hast erzählt, dass … Ist das richtig? Falls ja, was möchtest du mir damit wirklich sagen?“

Bedürfnisse sollten nicht bewertet, sondern ergründet werden. Am besten durch weitere Fragen wie diese:

- Was erwarten Sie für sich an Positivem, wenn Sie Ihre Position durchsetzen?
- Welche Bedürfnisse sind nicht gestillt?
- Wonach sind Sie hungrig?
- Welche Erleichterungen erwarten Sie durch die Befriedigung Ihrer Bedürfnisse?
- Welche Unannehmlichkeiten können Sie dadurch umgehen?
- Was ist hier Ihr Ziel?

Manchmal stellt man fest, dass beim Kampf um Positionen längst vergessen wurde, welche Bedürfnisse dahinterstehen. Machen Sie sich bewusst, dass Bedürfnisse objektiv nicht angreifbar sind. Sie zeigen u. a. den „Hunger“ einer Person an oder ihre jeweiligen Motivationen. Solange eine Person stark nach einem Grundbedürfnis hungert, wird sie kaum mit Ihnen über Shakespeare reden.

Worum geht es wirklich?

Sehr oft geht es um:

- unterschiedliche Werte
- unterschiedliche Wellenlängen (Sympathien)
- unterschiedliche Emotionen
- unterschiedliche Erfahrungen
- unterschiedliches Zeitgefühl
- unterschiedliche Überzeugungen
- unterschiedliche Charaktere

Vor-Urteile der unterschiedlichen Charaktere

Bei einem Streit prallen gefestigte individuelle Charakter-, Emotions- und Konfliktmuster aufeinander. Das bedeutet: Die Art und Weise eines Streits wird durch die emotionale Charakterstruktur geprägt und geführt und nicht vom Sachinhalt gesteuert.

Jeder hätte die Möglichkeit, sich vernünftig und zivilisiert über einen Streitpunkt auszutauschen und diesen detailliert zu ergründen. Und zwar, bevor man sich in die Haare bekommt. Das passiert so jedoch selten. Warum das so ist? Ihr Gehirn kann nicht neutral denken. Es fühlt. Und Gefühle sind nie neutral. Daher funktionieren neutrale Betrachtungen nicht. Gefühle werden benötigt, um gute Entscheidungen zu treffen. Dabei wird auch in einem Streit auf den Erfahrungsschatz zurückgegriffen.

Werden die unterschiedlichen Charaktere nicht gewürdigt, fehlt es an Anerkennung und Respekt. Die Beziehungsmotivation ist verletzt. Man fühlt sich nicht angenommen und nicht wertgeschätzt. Damit geht es direkt und ohne Umweg über das Ego. Um die eigene Art, die Dinge zu hören, zu sehen, zu fühlen und zu vertrauen. Wenn das nicht beachtet wird, fühlt man sich abwertend behandelt. Es genügt auch, wenn man nur glaubt, dies so zu fühlen. Bereits an diesem Punkt ist der Konflikt vorprogrammiert bzw. hat schon begonnen.

Interessant ist: Sobald Menschen in ihrem Charakter gewürdigt und verstanden werden und das auch so empfinden, werden viel schneller detaillierte und tragfähige Konsenslösungen vereinbart. Was in der Sache zunächst unvereinbar schien, wird konsensfähig.

Ablauf der Phase 3

Jeder hat drei bis fünf Minuten Zeit, seine Sicht zu schildern. Danach wird gewechselt. So lange, bis alles gesagt wurde und die Luft buchstäblich hörbar raus ist.

Geben Sie das Gehörte zunächst mit Ihren Worten wieder. Fragen Sie: „Habe ich richtig verstanden, dass …" oder „Stimmt das?" (→ *siehe Übung: Zuhör-Zirkel*). Man nennt es in der Fachsprache „paraphrasieren." Dadurch verlangsamen Sie das Gespräch. Sie

Dampf ablassen ist schön und gut – bleiben Sie aber fair!

hören genauer zu. Der andere kann das Gesagte bestätigen bzw. ergänzen. Zudem gewinnt der andere Zeit, über seine Aussagen nachdenken zu können.

Hören Sie einander genau zu. Akzeptieren Sie die unterschiedlichen Charaktere, Sichtweisen, Positionen, Bedürfnisse, Gefühle, Gefühlsäußerungen und Lautstärken.

Kämpfen Sie in zwischenmenschlichen Aspekten wie bei Gefühlen, Sichtweisen und Familienwerten nicht darum, wer Recht hat. Seien Sie neugierig, warum dieser Punkt so wichtig ist oder was genau wahrgenommen wurde, was die Gefühle genau bedeuten. Gibt es ein Muster, wurde z. B. diese Situation mit einer anderen Person so erlebt?

Vermeiden Sie x-fache Wiederholungen. Sie ziehen das Gespräch nur in die Länge, das sorgt oft für weitere Verärgerung. Wenn Sie anfangen sich zu wiederholen, dann fragen Sie sich, ob es noch etwas zu klären gibt.

Der andere versteht Sie nicht? Dann ist es hilfreich, das Gesagte vom anderen wiederholen zu lassen! Das nennt man „spiegeln". Es beruhigt den Gesprächsverlauf, fördert das gegenseitige Verstehen und bringt Klarheit statt Interpretation.

Blockiert eine Partei oder haben Sie den Eindruck, der andere hält etwas zurück, dann sprechen Sie das an. Fragen Sie, ob das stimmt. Betonen Sie gegebenenfalls den bisherigen positiven Gesprächsverlauf. Versichern Sie Vertrauen und Sicherheit. Betonen Sie, ebenso den schweren Rucksack loswerden zu wollen und alles auszupacken. Denn auch Ihnen fällt es nicht leicht, alles zu sagen.

Ursachen für Blockaden sind u. U. unterschiedliche Macht- und Hierarchieverhältnisse, hohe emotionale Belastungen, schlechte Vorerfahrungen (Misstrauen) mit anderen Personen, zu schnelles Vorgehen, sich unter Druck fühlen oder das Zentrale nicht offenlegen.

Hier sind „Was-wäre-wenn-Fragen" hilfreich oder über Erfahrungen mit Widerständen zu reden. Widerstände sind positiv. Sie zeigen auf, dass etwas noch nicht verstanden, geöffnet oder zur Zufriedenheit aller geregelt wurde. Geben Sie die Chance, über das Eigentliche (evtl. Verborgene) zu reden.

Sollte eine Partei verstärkt bzw. permanent aggressiv reagieren, weinen oder schweigen, dann sagen Sie: „Stopp!" Beschreiben Sie, wie Sie die Emotion und Körpersprache wahrnehmen. Z. B. „Ich erlebe dich sehr aufgeregt, höre deine lauten Worte, sehe deine geballten Fäuste. Ich fühle mich dadurch bedroht."

Verweisen Sie auf die vereinbarten Regeln und dass Sie beide den Konflikt respektvoll klären wollen. Sollten die Reaktionen bleiben, dann zeigen Sie zunächst die „Gelbe Karte". Sagen Sie, was Sie tun werden, wenn sich das Verhalten nicht ändert. Sagen Sie, dass Sie diese Reaktionen aufgrund seines Charakters verstehen, dass dies jedoch in dieser Ausprägung für die Klärung des Konflikts nicht hilfreich ist. Ändert sich dennoch nichts, dann schlagen Sie vor, das Gespräch für 15 Minuten zu unterbrechen. Ihr Gegenüber kann sich beruhigen und darüber entscheiden, ob er den Konflikt wirklich klären möchte.

Hilfreiche Fragen/Aspekte

- Was möchte ich sagen? Was ist wichtig? Was ist das Ziel?
- meine Fakten – seine Fakten, meine Bedürfnisse – seine Bedürfnisse

Übung: Zuhörzirkel

In einem Konfliktgespräch ist es fast unmöglich, sachlich zu agieren. Die Emotionen beeinflussen die Aussage mimisch, in den Worten und in der Interpretation. Ziel des Zuhörzirkels ist es, das Zuhören effektiver zu gestalten, eine Chance des Verstehens und der Verständigung zu geben.

Zuerst wird der Inhalt wiedergegeben, z. B. „Ich habe gehört, dass du gesagt hast, dass … Habe ich dich richtig verstanden?" Dann kann der andere korrigieren oder zustimmen. Hier wird der Konflikt sachlich verstanden.

Als Zweites schildert der Zuhörende, was er an Gefühlen des Konfliktpartners wahrgenommen hat. Die Emotionen werden gefiltert. In diesem Kontext ist es sehr hilfreich, wenn zumindest einer der beiden Beteiligten darum weiß, was Emotionen in ihrem Inhalt bedeuten, z. B. Angst steht für mögliche Gefahren, Wut für Handlungen, die nicht gut waren, und Trauer für Enttäuschungen und Verluste in der Beziehung. Z. B. „Ich habe herausgehört, dass du dich so gefühlt hast: … Habe ich das richtig verstanden bzw. das Gefühl richtig benannt?" Dann kann der andere korrigieren oder zustimmen. Hier wird der Konflikt emotional verstanden.

Als Drittes wird versucht, die hintergründigen Motive herauszuhören und offenzulegen. Man beschwert sich z. B. über den Lärm des Nachbarn. Motive können sein: Freiheit wird eingeschränkt, Bedürfnis nach Ruhe wurde gestört. Hier wird der Konflikt in den Bedürfnissen und Motiven verstanden.

Dann kann nun die zuhörende Person den Konflikt schildern und der andere Konfliktpartner muss aktiv zuhören. Der Effekt für ein klärendes Konfliktgespräch ist faszinierend.

Phase 4: Motive und Hintergründe des Konflikts

Die unterschiedlichen Positionen sind die ersten Hinweisschilder zu den wirkenden Motiven. 95 % der Entscheidungen sind nicht bewusst (Prof. Zaltman, Harvard Universitiy, Quelle: www.neuroips.com), weder die tieferen Hintergründe (Warum?) noch die Ursprungssituation, weder die daraus entstandenen Muster, auf die das Limbische System reagiert, noch das wirkliche Interesse für den Widerspruch (Was?).

Das Wie erkennt man zuerst am Verhalten. Mit der Methode des detaillierten Erfragens kommt man mit dem „Täter" in einem gemeinsam forschenden Gespräch dem Wie auf die Spur. Das Was führt zum wirklichen Kern der eigenen Konfliktreaktion, beispielsweise mit diesen Fragen: Auf welche typischen Muster reagiere ich genau? Mit welchen Mustern agiere ich am liebsten? Wie und wodurch sind diese vor längerer Zeit entstanden (Quelle/Ursprungssituation des Musters)? Sind meine Konfliktmuster mehr meinem Vater oder meiner Mutter ähnlich?

Die Macht der Fragen

Stellen Sie in dieser Phase viele Fragen. Fragen führen Schritt für Schritt zu mehr Tiefgang. Ebenso werden die Hintergrundmotive offengelegt. Erfragen Sie einfach alles, was Sie zum Konfliktfall interessiert.

Interessen erfragen

- Was sind Ihre Ziele in diesem Konflikt?
- Was genau wollen Sie damit erreichen? Was will das Gegenüber damit erreichen?
- Was sind die genauen Absichten?
- Was sind die Ziele und Absichten des Konfliktpartners?
- Wer hat ein Interesse daran, den Konflikt am Kochen zu halten?
- Wem nützt der Konflikt?
- Wer hat einen verborgenen Einfluss auf den Konflikt?

Nehmen Sie die Bedeutung der Gefühle hin, z. B.

- Tränen über einen Verlust oder aus Enttäuschung,
- Wut als Hinweisgeber auf Verhaltensänderungen,
- Angst, die auf Gefahren hinweist etc.

Strategien (Planungen)

- Welche Strategien benutzen Sie in diesem Konflikt?
- Welche Strategien benutzt Ihr Konfliktpartner?

Worum geht es wirklich?

- Werte
- Beziehung
- Handlungen, frühere Erfahrungen und aktive Muster
- Ihr Ego, Ihren Charakter, Ihr Drehbuch, Ihre Geschichte

Ziele
Liegt Ihnen eine Frage auf der Zunge, bei der Sie denken: „Das darf ich nicht fragen", dann sollten Sie dennoch genau diesen Aspekt mit diplomatischem Geschick erfragen. Er wird garantiert wichtig sein.

Wenn die Konfliktpartner zustimmen, kann man in dieser Phase weitergehen: Die Konfliktpartner erläutern aus ihrer Sicht, was und wie ihr Charakter zum Konflikt beiträgt.

Glaubenssätze und Überzeugungen
Befragen Sie die wahrgenommenen Glaubenssätze (Lesetipp: „Modeling mit NLP" von Robert Dilts). Sie geben die Überzeugungen und inneren Wahrheiten wieder. Zu erkennen sind diese an Zitaten wie: „Ich glaube daran ...", „Ich habe eine andere Überzeugung ...", „Hier wird einem nichts geschenkt ...", „Jeder bekommt, was er verdient", „Es ist gut, ordentlich zu sein", „Zuerst kommt die Pflicht, dann das Vergnügen." Glaubenssätze sind die Hintergrundquelle für persönliche Meinungen und Sichtweisen. Der Kern des Glaubens ist ein Teil der Identität. In der Identität Ihres Hauptcharakters oder Ihrer Hauptmotivationslinie oder in Ihrer familiären, kulturellen, politischen, religiösen, beruflichen Identität sind Sie mit Glaubenskongregationen untermauert. Es soll ca. 3 000 lebenssteuernde Werte geben, die Ihrem Leben eine Richtung geben. An jeden Wert sind zahlreiche Glaubenssätze gebunden. Werden diese verletzt oder abgewertet, entsteht sofort ein grandioses Konfliktfeld. Glaubenssätze sind als Navigatoren zu verstehen. Sie geben die Orientierung, was richtig und was scheinbar falsch ist, was man darf und was nicht. Sie schränken ein, halten in Grenzen und sie geben Zielrichtungen. Ebenso geben sie einen Rahmen mit diversen Betrachtungsmöglichkeiten und Perspektiven.

Wie, was, wodurch – diese Fragen führen zur Lösung.

Einschränkende Glaubenssätze bewirken auch in Konflikten oft Hoffnungslosigkeit (Veränderung nicht erreichbar), Sturheit (Es ist so), Hilflosigkeit (Ich kann das nicht) oder Selbst-Abwertungen (Ich bin es nicht wert). Diese Aspekte können selbstinitiiert sein (innere Stimme und Erfahrungen) oder durch Aussagen des Konfliktpartners angestachelt werden. Oft liegen die einschränkenden wie auch die positiv-initiierenden Glaubenssätze außerhalb des Bewusstseins. Damit fällt es vielen schwer, die Zusammenhänge und die daraus resultierenden Verhaltens- und Denkmuster zu erkennen.

Mein Glaubenssatz Seite 1

Glaubenssätze können Potenziale, innere Wege und Ressourcen fördern, aber auch stark einschränken. Einschränkende Glaubenssätze können innere Blockaden und ein ungutes Gefühl auslösen. Sie können eine Weiterentwicklung be- und verhindern. In der nachfolgenden Übung zur Glaubensarbeit besteht die Möglichkeit, einen einschränkenden Glaubenssatz zu benennen, zu analysieren und zu verändern. So wird aus der Einschränkung ein stärkender Glaubenssatz.

1. Wie lautet Ihr Glaubenssatz, der den Konflikt entscheidend beeinflusst? Sind es mehrere Glaubenssätze? Schreiben Sie alle auf.

2. Sollten es mehrere Glaubenssätze sein: Wie lautet der darüberstehende (obere) Glaubenssatz, der alle verbindet?

3. Welche positive(n) Absicht(en) stehen hinter dem Glaubenssatz bzw. sind damit verbunden?

4. Welche positiven Erfahrungen haben Sie mit dem Glaubenssatz gemacht? Welche Vorteile sind damit verbunden? Was ermöglicht er Ihnen?

5. Welche negativen Erfahrungen sind mit dem Glaubenssatz verbunden? Worin behindert er Sie? Was genau verhindert er?

© Verlag an der Ruhr | So klappt's im Kita-Team | Autor: Heiko Hansen | ISBN 978-3-8346-2531-1 | www.verlagruhr.de

Mein Glaubenssatz Seite 2

6. Was lässt Sie an der Richtigkeit des Glaubenssatzes zweifeln? Benennen Sie bitte Ihre Zweifel.

7. Wie lautet der neue oder ergänzte Glaubenssatz, der es Ihnen ermöglicht, den Konflikt positiv zu regulieren und zu beenden, der Sie zu Ihrem Ziel führt und positiv begleitet?

8. Welche positiven Erfahrungen ermöglicht Ihnen der neue, richtige Glaubenssatz? Welche Vorteile sind damit verbunden?

9. Welche Überzeugungen sind damit verbunden?

10. Welche konkreten Handlungen und Verhaltensweisen folgen daraus?

11. Welche Auswirkungen wird dies auf Ihre Umwelt und auf den aktuellen Konfliktverlauf haben?

12. Was wird sich genau verändern?

© Verlag an der Ruhr | So klappt's im Kita-Team | Autor: Heiko Hansen | ISBN 978-3-8346-2531-1 | www.verlagruhr.de

Versteht man die Hintergrundmotive und wie sie entstanden sind, dann ist die Basis für eine tragbare Lösung in Phase 5 gegeben. Wichtig ist, dass diese Hintergrundmotive von den Beteiligten anerkannt werden. Das heißt nicht, dass sie ebenso unbedingt akzeptiert werden müssen. Am Ende dieser Phase steht die Erkenntnis: „Ja, jetzt habe ich alles verstanden. Ich habe keine Fragen mehr."

Phase 5: Lösungsoptionen und Vereinbarung

In der letzten Phase erstellen Sie einen „Vertrag". Dieser Vertrag bedeutet: „Wir sind beide mit der Lösung einverstanden. Wir vertrauen uns und werden die getroffenen Vereinbarungen einhalten. Wir haben uns wieder vertragen". Auf diese Weise besiegeln Sie einen Neustart.

Lösungsoptionen finden

Suchen Sie zunächst nach Lösungsoptionen. Schreiben Sie alle Punkte auf. Wichtig ist: Keine Option wird kommentiert oder bewertet.
Sind alle Optionen auf dem Tisch, werden sie analysiert. Welche Vorteile sind damit verbunden? Welche Nachteile ergeben sich daraus? Welche Option ist sinnvoll? Welche Option ist nützlich? Was muss zeitnah umgesetzt werden?

Machen Sie keine faulen Kompromisse. Geben Sie nur Ihre Zustimmung, wenn Sie von dem Lösungspunkt überzeugt sind. Kompromisse kommen oft unter Druck (compro) zustande. Sie halten meistens nicht, weil beide Beteiligten etwas vermissen. Akzeptieren Sie deshalb nur ein klares und eindeutiges Ja. Ist es nicht eindeutig, dann fragen Sie: „Was fehlt"?

Jede Option, der beide zugestimmt haben, wird aufgelistet. Unnützes und Sinnloses wird zur Seite gelegt.

Vereinbarung formulieren

Anschließend formulieren Sie die Vereinbarung. Achten Sie bei der Formulierung auf

- klare, deutliche Formulierungen und einfache Sätze
- keine schwammigen Begriffe wie: bald, vernünftig, oft usw.
- spezifische Formulierungen: Wo? Wie umfangreich?
- genaue Zeitangaben: Bis wann soll was gemacht werden?
- Ausgewogenheit: Alle sollten Verpflichtungen übernehmen. Das Handeln einer Person sollte nicht von einer anderen Person abhängig gemacht werden. Z. B: A macht das, dann macht B dies, wenn C wiederum jenes macht. Sondern: A macht, B macht, C macht!
- Formulieren Sie positiv: A hört auf mit ..., B ist bereit, ... zu tun.

Abschließend unterschreiben Sie die Vereinbarung beide mit Ihrem Namen. Das mag merkwürdig klingen. Doch Sie geben Ihren guten Namen. Damit gibt es keine Ausreden und Fluchtversuche.

Die „Wunderfrage"

Eine elegante Einstiegsmethode für Lösungsoptionen und Ziele ist die Wunderfrage nach Steve de Shazer. Sie stellen sich zunächst für sich selbst vor, wie eine optimale Lösung aussieht. Was wünschen Sie sich? Was muss sie unbedingt beinhalten? Was darf, aber muss nicht beinhaltet sein?

Angenommen, wie durch ein Wunder ist Ihr Problem/Konflikt gelöst: Woran werden Sie und andere das erkennen? Konkretisieren Sie die einzelnen Punkte. z. B.:

- Was genau soll das neue Miteinander beinhalten?
- Wann war es schon einmal ein bisschen wie bei einem Wunder?
- Was müsste jetzt passieren, um zum Wunder zu kommen? Was sind die genauen Schritte?

Nun tauschen sich beide Parteien über ihre Wunder aus.

Das SMART-Modell

Eine formale Hilfe in dieser Phase ist ebenso das „SMART-Modell“:

S = spezifisch-konkret
Was und wie viel soll genau erreicht werden? Das S wird auch als Kürzel für „schriftlich fixiert und präzisiert“ verwendet. Formulieren Sie das Ziel oder die Ziele klar und eindeutig.

M = messbar
Die Lösungsoptionen müssen überprüfbar (messbar) sein. Nach welchen Kriterien soll das Erreichen des Ziels gemessen oder kontrolliert werden?

A = attraktiv
Ein Ziel, das verfolgt wird, muss für alle attraktiv, akzeptabel und motivierend sein.

R = realisierbar oder realistisch erreichbar
Ein Ziel ist keine Utopie, sondern eine erreichbare Zukunftsperspektive. Daher lautet die Frage: Ist das gesteckte Ziel unter Berücksichtigung der gegebenen Umstände und der vorhandenen Ressourcen erreichbar? Wer zu viel auf einmal erreichen will, erleidet häufig Schiffbruch. Daher können, um Überforderung zu vermeiden, ebenso Teilziele vereinbart werden.

T = terminiert
Terminiert bedeutet: Bis zu welchem Zeitpunkt soll das genannte Ziel erreicht werden? Am besten ist es, einen genauen Zeitpunkt zu vereinbaren. Vermeiden Sie unbestimmte Formulierungen, wie bspw. zukünftig oder irgendwann. Diese Formulierungen lassen Ziele schnell im Sand verlaufen. Auch hier kann es hilfreich sein, fest terminierte Zwischenziele zu vereinbaren.

Legen Sie fest, bis wann das erarbeitete Ziel erreicht werden soll.

Die Disney-Strategie

Die „Disney-Strategie" geht auf Walt Disney, den Mitbegründer der weltbekannten Disney Company, zurück. Disney war ein Mensch mit sehr ausgeprägten Träumen und Visionen. Er trennte drei verschiedene Phasen der Zielsetzung und unterschied sie sowohl räumlich als auch zeitlich präzise voneinander. Diese Phasen oder Positionen waren: der kreativer Träumer, der realistische Planer und der konstruktive Kritiker. Für jede dieser drei Positionen hatte Walt Disney sogar einen anderen Raum, der ihn auch durch seine Ausstattung unterstützte, um in einen für die jeweilige Position günstigen mentalen Zustand zu gelangen. Im Alltag funktioniert diese Strategie auch mit nur einem Raum:

1. Markieren Sie drei verschiedene Stellen im Raum. Achten Sie darauf, dass jeder Raum dem Typus, der in ihm nachdenken, visualisieren und arbeiten soll, entspricht.

2. Durchlaufen Sie in den nächsten Schritten die einzelnen Positionen relativ schnell, um einen ersten Eindruck von dieser Strategie zu gewinnen.

3. Nehmen Sie die Position des Träumers ein.

4. Erinnern Sie sich an eine Situation, in der Sie kreativ und fantasievoll waren. Versetzen Sie sich in diese Stimmung. Wenn Ihnen das schwerfällt, dann denken Sie an eine Person, die oft kreativ ist, und überlegen Sie sich, wie diese Person das wohl macht. Wichtig ist, dass Sie tatsächlich einen Zustand erreichen, in dem es Ihnen leichtfällt, zu träumen und kreative Ideen zu entwickeln.

5. Verlassen Sie die Position des Träumers und schalten Sie einen kurzen Moment auf Durchzug.

6. Nehmen Sie nun die Position des realistischen Planers ein.

Erinnern Sie sich an eine Zeit, in der es Ihnen leicht möglich war, realistisch und sorgfältig zu planen, oder denken Sie an jemanden, der dies sehr gut kann.

Suchen Sie sich eine der Ideen Ihres Träumers aus, die Sie jetzt planen möchten. Denken Sie etwas über die Idee nach.

- Wie könnte ich diese Idee verwirklichen?
- Welche Schritte sind notwendig?
- In welcher Reihenfolge müssen sie getan werden?
- Wie lange wird es dauern, bis das Ziel erreicht ist? Welche Zwischenziele wären denkbar?

7. Verlassen Sie die Position des Planers und schalten Sie wieder auf Durchzug.

8. Nehmen Sie die Position des konstruktiven Kritikers ein.

Erinnern Sie sich an eine Zeit oder eine Situation, in der Sie konstruktiv und kritisch waren, in der Sie Hindernisse und Einwände frühzeitig erkannt haben und genau wussten, wo Stärken und Schwächen eines Planes liegen. Oder denken Sie an eine Person, die über diese Fähigkeit verfügt. Wo fühlen Sie, dass Sie jetzt Zugang zu diesem Gefühl haben? Versetzen Sie sich in diese Stimmung. Schauen Sie sich das Ergebnis des Träumers und des Planers an. Spüren Sie einmal hinein und entwickeln Sie ein Gefühl für den Plan.

- Wo fehlt noch etwas?
- Was wurde noch nicht berücksichtigt?
- Können Sie mit diesem Plan Ihr Ziel erreichen?

Wenn es notwendig sein sollte, Änderungen oder Verfeinerungen vorzunehmen, so durchlaufen Sie so lange die verschiedenen Positionen, bis der Kritiker sich mit dem Ziel und dessen Verwirklichung einverstanden erklärt. Dabei können Sie auch die Reihenfolge wechseln und z. B. vom Kritiker zum Planer gehen, wenn die Grundideen zwar klar sind, aber die Umsetzung noch nicht ökonomisch ist. Oder Sie gehen vom Planer zum Träumer zurück, weil der Traum einfach nicht umzusetzen ist und Sie gern noch genauere Angaben zur Umsetzung hätten.

Übersicht Motivationslinien

	Motivationslinie Dominanz	Motivationslinie Beziehung	Motivationslinie Erkenntnis
Wahrnehmung	des Wollens, der Ziele, der Anerkennung, des Handelns, der Einfachheit, der Entscheidung, Prinzip „Gewinnen" des Wollens → „Das ist so!"	des Fühlens, der Sympathie bzw. des Annehmens, der Beziehung, des Schönen, der Weg ist das Ziel (das Beziehungserleben selbst), Prinzip Anpassung → „Bin ich so?"	des Denkens, des Verstehens, der Erkenntnis, der Konzentration, der Ruhe, der Einsamkeit, der mentalen Steuerung, Prinzip des aufmerksam Fragens → „Ist das so … oder so?"
Selbstdefinition	Ich will stark und mutig sein.	Ich will liebevoll und hilfsbereit sein.	Ich will vernünftig und klug sein.
Verhaltensmuster in einem Konflikt	Kampf (Kraft)	Harmonie (Liebe)	Flucht, Rückzug (Geist)
Gefühle	Wut/Mut und Ekel	Freude und Trauer	Angst/Neugierde und Scham
Bedürfnis nach	Autonomie, Unabhängigkeit, Selbstständigkeit, Selbstbehauptung (inkl. Macht, Kontrolle)	Beziehung, Anerkennung, Ein- und Anpassung, Anerkennung statt Angst vor Ablehnung	Sicherheit, Ordnung, Orientierung, Selbstsicherheit
Schutzhaltung (Überleben)	Aggression, Dominanz, Sturheit	Weinen, Harmonisierung, Unklarheit	Distanz, Verschlossenheit, Gefühlsferne
Zeitorientierung	Zukunft (Handeln gestaltet Zukunft)	Gegenwart (Das Erleben einer Beziehung ist etwas Gegenwärtiges)	Vergangenheit (Das Erkennen lebt von Vergangenem)
Zeitwahrnehmung	schnell	rhythmisch, in der Zeit sein	langsam
Entscheidungsrichtung	Nein	Ja	Vielleicht (abwägend)
Das Selbst	Selbstsicherheit	Selbstvertrauen	Selbstbewusstsein
Charakterstruktur bei innerer Balance	klares Ich-Gefühl, wehrt sich gegen Übergriffe auf das eigene Territorium, instinktive Reaktionen, Leistung, Zusammenarbeit, Respekt	Sich-geliebt-Fühlen, Freundschaft, Fürsorge, Mitmenschlichkeit, guter Kontakt und Sich-Verstehen ist wichtig, Zugehörigkeit zur Familie, zur Gruppe wird betont, Sympathie, Freude, Motivation durch Wertschätzung	Sich-sicher-Fühlen, wo man ist, Sich-Auskennen, Dinge überblicken, Klarheit und Verlässlichkeit, Information und Wissen, Kommunikation, Achtsamkeit
Charakterstruktur bei Mangel/Konflikt	lässt wenig Gefühle zu, ist im Denken sehr stur, cholerische Neigung, aggressiv	misstrauisch, wenig liebevoll, denkt nicht richtig nach, übernimmt sich im Handeln, will es allen recht machen, will besser sein als die anderen, etwas Besonderes sein, melancholische Neigung	hat wenig Selbstbewusstsein, ist im Praktischen unfähig, macht sich in Beziehungen abhängig, grüblerisch, depressive Neigung

Literatur

Bauer, Joachim: **Warum ich fühle, was du fühlst.** Heyne, 2006.

Dilts, Robert: **Modeling mit NLP.** Junfermann Verlag, 1999.

Dilts; Hallbom; Smith: **Identität, Glaubenssysteme und Gesundheit.** Junfermann Verlag, 1991.

Ekman, Paul: **Gefühle lesen.** Spektrum Verlag, 2004.

Ekman, Paul: **Ich weiss, dass du lügst.** rororo-Verlag, 2011.

Faller; Kerntke; Wackmann: **Konflikte selber lösen.** Verlag an der Ruhr, 2009.

Friedmann, Fritz: **Denken, Fühlen, Handeln.** dtv, 2004.

Frith, Chris: **Wie unser Gehirn die Welt erschafft.** Spektrum-Sachbuch, 2010.

Gruhl, Monika: **Das Enneagramm – Strategien für die eigene Entwicklung.** Herder Spektrum, 2008.

Hagen, Steve: **Buddhismus kurz und bündig.** Goldmann-Verlag, 2000.

Heckhausen, Heinz: **Motivation und Handeln.** Springer, 1989.

Heller, Robert: **Erfolgreiche Teamführung.** Dorling Kindersley, 2002.

Höher; Höher: **Konfliktmanagement.** Edition Humanistische Psychologie, 2004.

Hüther, Dr. Gerald: **Die Macht der inneren Bilder.** Vandenhoeck & Ruprecht, 2004/2008.

Hüther, Dr. Gerald: **Biologie der Angst.** Vandenhoeck & Ruprecht, 2007.

Hüther; Weser: **Das Geheimnis der ersten neun Monate.** Beltz, 2009.

Hüther; Michels: **Gehirnforschung für Kinder.** Kösel, 2009.

Hüther; Nitsch: **Wie aus Kindern glückliche Erwachsene werden.** GU-Verlag, 2009.

Klein, Hans-Michael: **Konflikte am Arbeitsplatz.** Cornelsen Verlag, 2004.

Kraus, Mario H.: **Mediation – wie geht denn das?** Junfermann Verlag, 2005.

Kubat, Herbert: **Führen wie ein Samurai.** Orell Füssli, 2007.

Le Doux, Joseph: **Das Netz der Persönlichkeit.** Patmos-Verlag, 2002.

Mager, Karin: **Bevor sie aus der Haut fahren.** rororo-Verlag, 1999.

Müller, Günter F.; Bischoff, Hans-Werner: **Stimmungseinflüsse in Projektgruppen.** Dokumentation der Universität Bochum, März 2000.

Osborne, Christina: **Teamkonflikte bewältigen.** Dorling Kindersley, 2002.

Peschanel, Frank D.: **Phänomen Konflikt.** Junfermann Verlag, 1993.

Pöhlmann; Roethe: **Die Streitschule.** Junfermann Verlag, 2003.

Roth, Gerhard: **Persönlichkeit, Entscheidung und Verhalten.** Klett Cotta, 2007/2008.

Rudolph, Udo: **Motivationspsychologie.** Beltz PVU, 2009.

Salzwedel; Tödter: **Führen ist Charaktersache.** Cornelsen, 2008.

Sentger; Wigger: **Schaltzentrale Gehirn.** Spektrum Verlag, 2009.

Shula; Blanchard: **Coaching.** Wirtschaftsverlag Überreuter, 2000.

Wassmann, Claudia: **Die Macht der Emotionen.** Wissenschaftliche Buchgesellschaft, 2002.

Wittschier, Bernd M.: **30 Minuten für erfolgreiche Mediation im Unternehmen.** GABAL, 2002.

Zeitschriften

Gehirn und Geist. Ausgabe 9/2011.

Welt der Wunder. Die geheime Kraft der Zeit. Ausgabe 7/2011.

Teamtools

Welcher Teamtyp sind Sie?
In welcher Stimmung ist Ihr Team?

Unter **www.talenthaus.de** (PRO9 Personal) bzw. **www.teamklima.info** biete ich Ihnen ein bewährtes Testsystem an. Es ist einfach umsetzbar und Sie erhalten schnell konkrete und konstruktive Ergebnisse, um Ihr Teamklima und Führungskönnen zu verbessern. So, wie Sie es in diesem Buch erfahren haben. Der Test ist kostenpflichtig.

Kontakt:

Talenthaus GmbH
Heiko Hansen
www.talenthaus.de bzw. www.teamklima.info
Mail: info@talenthaus.de

Dank

Ich möchte mich von Herzen bei den Menschen bedanken, die den Weg zu diesem Buch begleitet haben.

Ohne den Mut, das Engagement und die wissbegierige Neugierde von Edeltraud Wiebe als Leiterin der städtischen Kita „Zauberbaum", Quickborn bei Hamburg, hätte es viele Erkenntnisse durch Teamprojekte nicht gegeben. Sie ermöglichte als erste den PRO9-Ansatz in der pädagogischen Arbeit und in der Teamarbeit einzuführen. Sie glaubte an meine Idee, mit Eltern und Erziehern über ihre Charaktere zu sprechen und daraus wichtige Wege und Ziele für ihren Erziehungs- und Arbeitsstil zu gewinnen.

Mein besonderer und persönlicher Dank geht auch an Grit Feller (Kita Wilde 13, Quickborn), Birgit Dweller-Elbershausen (Kita Zwergenvilla, Quickborn) und Solvig Beeck (Kita Nützen) und Manuela Spitzbarth. Der fachliche Austausch, die persönlichen Gespräche, eure Anregungen, euer wacher Geist wie die gemeinsame und konsequente Steuerung von Teamprozessen sind leuchtende Diamantsteine in meiner Zeit als Coach.

Abschließend bedanke ich mich ebenso herzlich bei den Lektoren des Verlages an der Ruhr und bei Monika Kühnel (Mediatorin) und Jürgen Evers, die dieses Buchprojekt mit ihren Sichtungen und Anregungen so wunderbar begleitet haben.

Bildnachweise

© Mirko Raatz – fotolia.com (Kolumnenzeile und Reflexionshilfen); © ashumskiy – fotolia.com (S. 5); © goodluz – fotolia.com (S. 7); © alphaspirit – fotolia.com (S. 9); © Tom-Hanisch – fotolia.com (S. 10); © Tatyana Gladskih – fotolia.com (S. 13); © Andrzej Tokarski – fotolia.com (S. 14); © Mirko Raatz – fotolia.com (S. 15); © Dan Race – fotolia.com (S. 16); © Mirko Raatz – fotolia.com (S. 17); © klickerminth – fotolia.com (S. 19); ©marog-piscell – fotolia.com (S. 20); ©diego cervo – fotolia.com (S. 21); © lightpoet – fotolia.com (S. 22); © contrastwerkstatt – fotolia.com (S. 39); © Dan Race – fotolia.com (S. 42 links); © kmiragaya – fotolia.com (S. 42 rechts); © Anja Greiner Adam – fotolia.com (S. 43 links); © Robert Kneschke – fotolia.com (S. 43 rechts); © Mirko Raatz – fotolia.com (S. 44); © yanlev – fotolia.com (S. 47); © MilsiArt – fotolia.com (S. 48); © ra2studio – fotolia.com (S. 49); © yanlev – fotolia.com (S. 50); © fotofuerst – fotolia.com (S. 87); © nullplus – iStockphoto (S. 95); © khmel – fotolia.com (S. 96); © Scott Grissel – fotolia.com (S. 100); © cienpisnf – fotolia.com (S. 101); © justinkendra – fotolia.com (S. 105); © Adam Gregor – fotolia.com (S. 107); © contrastwerkstatt – fotolia.com (S. 109); ©mangostock – fotolia.com (S. 110); © huaxiadragon – fotolia.com (S. 111); © Mirko Raatz – fotolia.com (S. 112); © fotandy – fotolia.com (S. 114); © contrastwerkstatt – fotolia.com (S. 117); © marco2811 – fotolia.com (S. 120); © Astrid Koch-Dabbert (S. 124)